# RECETTES
## SECRÈTES ET INSOLITES
### de nos régions

Laurence et Gilles Laurendon

# RECETTES
# SECRÈTES ET INSOLITES
## de nos régions

Editions OUEST-FRANCE

# Sommaire

## Automne 62



## Hiver 92

Un bouilleur de cru à Pommard

# Préface

INSOLITE (fin XVe), du latin *insolitus* « inhabituel, inusité, bizarre », formé de *in* (préfixe de négation) et de *solitus*, participe passé de *solere* « avoir coutume de ».
Larousse du XIXe siècle

Enfant, mon grand-père me lançait parfois, d'un ton faussement courroucé : « Fais pas ton insolite. » L'expression, pour le moins insolite elle-même, claquait comme une gifle. C'était une façon de dire « arrête de faire ton intéressant ». Elle contenait un reproche qui sonnait à mes oreilles comme le plus beau des compliments : cesse de faire l'insolent.

Ce livre est un petit inventaire gourmand des recettes insolites de nos régions. L'insolence de ces recettes, c'est de faire du rêve avec rien ou si peu. Et de s'en régaler.

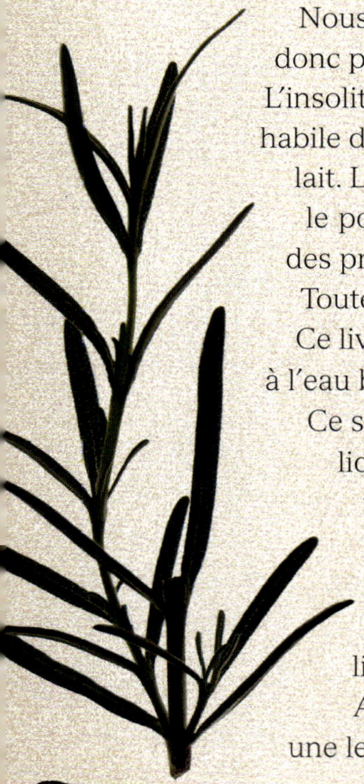

Nous avons écarté d'emblée les recettes improbables, saugrenues ou trop ouvertement impraticables. Ici, vous ne trouverez donc pas de pâté de héron, de terrine de limaces, de ragoût de hérisson ou d'écureuil ou encore d'eau-de-vie à la vipère… L'insolite que nous avons butiné est un insolite délicat qui pousse comme une fleur au milieu du pavé. C'est souvent une façon habile de maquiller les fins de mois, telle la soupe de rogatons, ou d'enchanter le quotidien avec un délicieux gâteau à la peau de lait. La méthode si chère à Mère Barberin[1]. Une façon joyeuse de cuisiner au fil des saisons, de célébrer le retour du printemps, le poulet cuit avec des fleurs, de conjurer les longs jours d'hiver avec une terrinée normande. Quand on n'a guère le choix des produits, on a de l'imagination.

Toutes les recettes de ce livre sont donc réalisables, car l'insolite est pétri de bon sens. On ne jette pas l'argent par les fenêtres !

Ce livre de cuisine insolite est une maraude dans les recettes de nos grands-mères, qui sont autant de trésors de santé : soupe à l'eau bouillie parfumée à la sauge et à l'ail pour se régénérer, salade de dents-de-lion, biscuits à la citrouille…

Ce sont des recettes parfois délicates comme un songe : omelette à la rose, boutons de capucines, confiture à la plume d'oie, liqueur d'angélique sans oublier les flocons de neige qui ne demandent comme ingrédients qu'une bonne neige bien fraîche.

Un chapardage joyeux de produits oubliés, une façon étonnante d'accommoder un plat ou d'amadouer un dessert avec les saveurs ensoleillées d'un cédrat confit ou d'une confiture d'églantier.

C'est aussi une façon de retrouver et de célébrer les fêtes de village carillonnées : agneau de Pâques en biscuit, civet de lièvre au chocolat, bouillon de noce aux quatre viandes…

Au fond, l'insolite, c'est peut-être ce qui caractérise le mieux nos cuisines régionales. Un insolent pied de nez à la fatalité, une leçon d'humilité et une belle preuve d'imagination. La cuisine insolite, comme la philosophie, est fille de l'étonnement…

1. Hector Malot, *Sans famille*.

JANVIER
Les Etrennes.
Le Verseau
HUNTLEY & PALMERS
BISCUITS
Reading & London

FÉVRIER
Les Giboulées.
Les Poissons
HUNTLEY & PALMERS
BISCUITS
Reading & London

MARS
Le premier Soleil.
Le Bélier
HUNTLEY & PALMERS
BISCUITS
Reading & London

AVRIL
Les Œufs de Pâques.
Le Taureau
HUNTLEY & PALMERS
BISCUITS
Reading & London

MAI
Le Retour des Hirondelles.
Les Jumeaux
HUNTLEY & PALMERS
BISCUITS
Reading & London

JUIN
La Pêche.
L'Écrevisse
HUNTLEY & PALMERS
BISCUITS
Reading & London

# PRINTEMPS

– BOURGOGNE –

# La soupe à la grimace

Autrefois, cette soupe d'ortie faisait faire la grimace aux enfants !

**POUR 6 PERSONNES**
**Temps de préparation :** 15 minutes
**Temps de cuisson :** 20 minutes

80 cl de bouillon de légumes
2 jeunes poireaux
1 petite laitue fraîchement coupée
400 g d'orties
100 g de feuilles d'oseille
100 g d'épinards frais
1 petit bouquet de cerfeuil
1 petit oignon
1 gousse d'ail
1 branche de thym
2 cuillères à soupe d'huile d'olive
Sel et poivre du moulin
*Prévoir une cocotte*

✥ Rincez les orties et émincez-les finement.
✥ Rincez les poireaux, égouttez-les et émincez-les finement. Rincez l'oseille et les feuilles d'épinards, égouttez-les et hachez-les finement.
✥ Épluchez l'oignon et l'ail et hachez-les.
✥ Détachez les feuilles de laitue, ôtez le trognon. Rincez les feuilles, puis égouttez-les. Découpez-les en fines lanières. Rincez les feuilles de cerfeuil et hachez-les.
✥ Faites chauffer l'huile d'olive dans une cocotte, déposez l'ail et l'oignon hachés ainsi que le poireau émincé. Mélangez et laissez cuire 2 à 3 minutes, puis ajoutez les orties hachées, les lanières de laitue, les pousses d'épinards et l'oseille hachée. Laissez cuire à feu assez vif pendant quelques instants, puis ajoutez le cerfeuil haché.
✥ Versez le bouillon tiède dans la cocotte. Portez à frémissement et laissez cuire à petit feu environ 15 minutes. Salez et poivrez en fin de cuisson.
✥ Servez chaud, en ajoutant quelques gouttes d'huile d'olive ou une noix de beurre dans chaque bol.
✥ Vous pouvez éventuellement épaissir cette soupe avec une ou deux pommes de terre.

**Le saviez-vous ?**
**Cette soupe était traditionnellement servie aux malades afin de les aider à se rétablir.**

**Un trésor de santé**

Cette recette est revigorante au sortir d'un long hiver. L'ortie comme le poireau est diurétique et drainante. La laitue est reminéralisante, l'oseille et le cerfeuil sont revitalisants et légèrement laxatifs, l'ail et l'oignon sont toniques et anti-infectieux… Voici une véritable petite pharmacie naturelle servie à votre table. Car prendre soin de soi, c'est avant tout soigner son alimentation !

## Les fêtes du printemps

Les changements de saisons sont à l'origine des plus importantes fêtes. Les fêtes du printemps occupent une place à part ; elles furent longtemps vécues comme une renaissance après les mois d'austérité de l'hiver. En Bourgogne, on organisait souvent une messe, une procession à travers champs, parfois on brûlait le bonhomme hiver. On baptisait même le printemps comme un nouveau-né.

## La soupe aux neuf herbes

En Alsace, pour le jeudi saint, qui commémore la Cène, dernier repas pris par le Christ au milieu des apôtres, on servait autrefois une soupe aux neuf herbes de printemps. On les cueillait directement dans le jardin. Parmi ces herbes pouvaient figurer des orties, des pousses d'épinard, du cresson de fontaine, des fanes de radis ou de navets, du persil, de la coriandre, des feuilles de laitue et de bette, des jeunes poireaux. Il existe différentes recettes de cette soupe aux herbes, selon les régions.

# Le bouillon de grenouilles

En Franche-Comté, cette recette est l'occasion, en famille, d'un jeu amusant. Il faut faire sauter une grenouille dans la soupe à l'aide de sa cuillère utilisée comme un plongeoir. Le gagnant est celui qui parvient à faire plonger sa grenouille sans éclabousser la table !

**La pêche à la dandinette**

La pêche à la grenouille est un art. On agite un morceau de tissu au bout d'une ligne et on le fait se dandiner au-dessus des grenouilles de l'étang. Curieuses et gourmandes, les grenouilles se jettent sur l'appât. Les pêcheurs les plus habiles les décrochent gigotantes d'un coup de poignet et les font tomber dans un sac, suspendu à leur ceinture. Cette pêche a lieu au printemps ou à l'automne.

*La Fête de la grenouille*

*En Alsace, à Herrlisheim, les villageois dont le sobriquet est justement « les grenouilles », organisent chaque année une fête en l'honneur du petit batracien.*

**POUR 6 PERSONNES**
**Temps de préparation :** 15 minutes
**Temps de cuisson :** 40 minutes

36 cuisses de grenouille
1 l d'eau
1 poireau
2 carottes
1 navet
1 panais
Sel et poivre du moulin
*Prévoir une marmite et une écumoire*

✤ Épluchez les carottes, le navet et le panais. Découpez les légumes en lamelles. Rincez le poireau, égouttez-le et détaillez-le finement.
✤ Rincez les cuisses de grenouilles et égouttez-les. Versez l'eau dans une marmite, ajoutez les cuisses de grenouilles, puis salez et faites chauffer à feu vif. Portez à ébullition et écumez soigneusement.
✤ Ajoutez alors les légumes préparés dans la marmite.
✤ Laissez cuire à frémissement environ 35 minutes.
✤ Ôtez les cuisses de grenouilles de la marmite et égouttez-les. Filtrez ensuite le bouillon. Poivrez et ajustez l'assaisonnement. Présentez les légumes et les cuisses de grenouilles sur un plat et servez le bouillon chaud dans des bols.
✤ Pour une recette vraiment traditionnelle, laissez le bouillon chuchoter sur le feu, à couvert, pendant 2 à 3 heures.

## Les Froggies

**Tout le monde ne mange pas de grenouilles. Comme tout le monde ne mange pas de chien, de sauterelle ou de chauve-souris. Cette habitude culinaire française a toujours rebuté nos voisins anglais qui nous surnomment, avec un air dégoûté, les Froggies, les mangeurs de grenouille.**

## Variation gourmande

Vous pouvez ajouter peu à peu et en fin de cuisson, deux jaunes d'œufs fouettés avec 20 cl de crème fraîche et servir le bouillon chaud avec une assiette de cuisses de grenouilles saupoudrées d'un mélange de persil et d'ail finement hachés.

## Le saviez-vous ?

Le poireau, les carottes, le navet et le panais forment ce qu'on appelle en Franche-Comté *la saveur.*

## Comptine

*Il pleut, il mouille*
*C'est la fête à la grenouille*
*Il pleut, il fait soleil*
*C'est la fête à l'arc-en-ciel*

*Il pleut, il mouille*
*C'est la fête à la grenouille*
*La grenouille a fait son nid*
*Dessous un grand parapluie.*

*Il pleut, il mouille*
*C'est la fête à la grenouille*
*Il pleut, il fait beau temps,*
*C'est la fête au paysan.*

# La salade de dents-de-lion

Une salade oubliée et délicieuse, à confectionner au printemps. Il faut choisir de vraies dents-de-lion, bien tendres et d'une belle couleur blanche. Les feuilles dentelées doivent être d'un joli vert croquant.

**POUR 6 PERSONNES**
**Temps de préparation** : 10 minutes
**Temps de cuisson** : aucun

250 g de dents-de-lion ou pissenlits
2 œufs durs
2 cuillères à soupe de petits croûtons
1 petite gousse d'ail
1 cuillère à café de moutarde fine
Huile de colza
Vinaigre de vin
Sel et poivre du moulin

- Rincez les feuilles de pissenlit, égouttez-les et séchez-les dans un linge.
- Écalez les œufs durs. Séparez les blancs des jaunes. Découpez les blancs en fines et courtes lamelles.
- Émiettez les jaunes dans un bol et mélangez-les bien avec la moutarde. Ajoutez ensuite le vinaigre et l'huile en filet et mélangez. Salez et poivrez.
- Frottez les petits croûtons avec la gousse d'ail.
- Disposez les feuilles de pissenlit dans un saladier, versez la sauce et mélangez.
- Ajoutez les lamelles de blancs d'œuf et les croûtons au moment de servir.

*Les Lorrains servent cette recette avec une sauce meurette, c'est-à-dire une bonne vinaigrette chaude.*

**Variantes gourmandes**
Vous pouvez cuire les dents-de-lion à cru et rapidement, à la poêle, avec une petite cuillère de graisse d'oie, quelques lardons bien chauds, une poignée de mousserons juste saisis, et les servir en accompagnement d'une viande rôtie.

### Pissenlit ou dent-de-lion

Les gens de la ville ne connaissent pas la différence entre les pissenlits et les dents-de-lion sauvages. Les gens de la campagne, qui la connaissent fort bien, et ne la révèlent jamais, préfèrent se taire et haussent les épaules quand on leur pose la question. Conclusion : si vous voulez connaître le fin mot de cette histoire, il vous faut vivre… à la campagne.

### Les vertus du pissenlit

Le pissenlit est riche en vitamines C (antioxydant) et en B carotènes. C'est un excellent draineur du foie, à consommer sans modération pendant la saison.

### Le saviez-vous ?

Avec les fleurs jaunes du pissenlit, vous pouvez confectionner une délicate gelée de pissenlit ou une confiture à la belle couleur jaune miel.

## La confiture de fleur de pissenlits

250 g de fleurs de pissenlits
75 cl d'eau
2 oranges non traitées découpées en quartiers
Le jus de 2 petits citrons
Le même poids de sucre à confiture (gélifiant)

✤ Coupez les fleurs de pissenlits. Étalez-les sur un torchon et faites-les sécher au soleil.
✤ Dans une petite bassine à confiture, faites chauffer l'eau avec les quartiers d'oranges. Ajoutez les fleurs de pissenlits séchées. Et laisser cuire à feu doux environ 45 minutes.
✤ Filtrez le jus et pesez-le. Reversez dans la bassine et ajoutez le même poids de sucre. Ajoutez le jus de citron et portez au frémissement sans cesser de remuer.
✤ Portez à gros bouillon pendant quelques minutes, puis écumez soigneusement à l'aide d'une écumoire. Mettez en pots et conservez au frais et à l'abri de la lumière.

# La poule en fleurs

Cette recette est une façon gourmande, colorée et vagabonde de célébrer le retour du printemps. La recette consiste à cuire une poule ou un poulet avec des fleurs. Vous pouvez utiliser des violettes, des pâquerettes, des mauves, des capucines, des roses, des pervenches… toutes sortes de petites fleurs de printemps qui parfumeront délicatement la viande.

**Vive la maraude**

Le printemps est, avec l'automne, la grande saison de la cuisine vagabonde. On peut cueillir toutes sortes de plantes, de fleurs, d'herbes et de fruits sauvages précieux en cuisine. Orties, ail des ours, asperges sauvages, cresson, consoude, menthe des ruisseaux, oseille sauvage, pimprenelle des prés, pourpier, alliaire, fleurs de coucous, pâquerettes, violettes…
C'est aussi le temps béni de la maraude dans les vergers sauvages : petites merises noires, fraises des bois…

**POUR 4 PERSONNES**
**Temps de préparation :** 30 minutes
**Temps de cuisson :** 1 heure 15

1 belle poule
200 g de fleurs de printemps
75 g de fromage frais égoutté
Sel et poivre du moulin

- Dans un saladier, mélangez délicatement les fleurs.
- Préchauffez le four à 180 °C (th. 6).
- Salez et poivrez l'intérieur de la volaille.
- Incisez légèrement la peau de la volaille à la hauteur du cou, des pattes et des ailes.
- Décollez la peau en passant progressivement les doigts entre la chair et la peau.
- Répartissez le mélange de fleurs sous la peau en prenant garde de ne pas la percer. Vous pouvez, pour donner plus de délicatesse à la chair, mélanger les fleurs à un fromage frais égoutté.
- Liez les pattes du poulet avec un morceau de ficelle de cuisine, posez-le dans un plat, salez et poivrez.
- Enfournez et faites cuire le poulet environ 1 heure 15. Arrosez régulièrement.
- Découpez la volaille et servez. Vous pouvez ajouter quelques fleurs fraîches lors du service.

### La cuisine des fleurs

La cuisine des fleurs est très ancienne. Les Romains la pratiquaient déjà. Plus près de nous, au Moyen Âge, les fleurs étaient présentes dans toutes sortes de préparations. Les fleurs se prêtent à tous les usages… Vous pouvez confectionner des salades colorées avec un assortiment de fleurs des champs, du vinaigre de rose, un sauté de veau à la lavande, des côtes d'agneau à la fleur de thym, des confitures de fleur de jasmin, des gelées de fleur de sureau ou de rose, des marmelades de fleur d'oranger, des bonbons à la violette, des glaces à la fleur de coucou, des beignets de fleur d'acacia, des infusions de bruyère ou de reine-marguerite, du sirop de coquelicot, de la liqueur d'hysope, des tisanes de camomille…

### À LA FAÇON DES MOINES

La recette donnée ici est une recette d'inspiration monastique. La technique utilisée, farcie sous la peau, est la même que pour la célèbre poularde demi-deuil. Sauf que dans ce dernier cas, les Bressans remplacent les boutons de fleurs par… des lamelles de truffes. Vous pouvez aussi cuire la poule sans la farcir, en vous contentant de semer vos petites fleurs dans le bouillon !

***

# L'agneau de Pâques en biscuit

L'agneau en biscuit est une savoureuse et spectaculaire curiosité alsacienne. Pour Pâques, les boulangers et les pâtissiers le proposent à l'admiration de tous dans leurs vitrines. Traditionnellement, on l'offre aux enfants en rentrant de la messe.

*Une recette magique. Le plus difficile sera de… trouver un joli moule !*

**POUR 3 PERSONNES**
**Temps de préparation :** 20 minutes
**Temps de cuisson :** 25 minutes

4 œufs
120 g de sucre semoule
120 g de farine tamisée
40 g de beurre
*Prévoir un moule en forme d'agneau d'environ 10 cm par 20 cm*

- Préchauffez le four à 180 °C (th. 6).
- Faites doucement fondre le beurre dans une petite casserole à fond épais.
- Préparez le bain-marie en faisant chauffer une grande casserole d'eau au frémissement.
- Dans un saladier, fouettez rapidement les œufs avec le sucre semoule.
- Placez le saladier dans la casserole d'eau frémissante. Continuez à fouetter le mélange œufs-sucre pendant 2 minutes.
- Ôtez ensuite le saladier du bain-marie et fouettez jusqu'à ce que le mélange soit refroidi.
- Versez alors la farine en pluie et mélangez bien, puis incorporez deux cuillères à soupe de beurre fondu.
- Badigeonnez l'intérieur du moule de beurre fondu, puis farinez-le légèrement.
- Remplissez le moule de pâte.
- Placez le moule garni de pâte pendant 25 minutes au four. Démoulez à la sortie du four et laissez refroidir.
- À servir au moment du café ou lors du goûter avec les enfants.

**LE BON CONSEIL**
Pour le découper, commencer par l'arrière-train de l'agneau.
***

**À visiter**
*L'écomusée d'Alsace à Ungersheim est un village alsacien reconstitué comportant plus de 70 maisons traditionnelles. L'occasion de découvrir les arts et traditions de la région en échangeant avec des artisans installés sur place à l'année.*

### Les moules en terre cuite de Soufflenheim

Ces moules en terre cuite vernissés sont aujourd'hui très recherchés par les collectionneurs. Ils sont incomparables pour la cuisson des célèbres agneaux de Pâques. Et ils gardent longtemps à l'intérieur le doux parfum des biscuits. Autre moule célèbre de Soufflenheim : le moule à kouglof.

### Doux comme un agneau

L'agneau pascal, issu de la tradition juive, est un symbole religieux très fort pour les catholiques alsaciens. L'*oshterlammele*, agneau de Pâques en biscuit ou brioché, est souvent décoré d'un étendard. Il a remplacé le traditionnel plat d'agneau salé que l'on sert au cours du repas de Pâques.

### Le saviez-vous ?

Autrefois, chaque famille alsacienne avait son moule à *lammele*. Il était souvent en deux parties et fabriqué par les habitants eux-mêmes à partir de terre glaise et cuit dans le four de la maison. Tous n'avaient pas les moyens de s'offrir un vrai moule de potier. Ces moules étaient utilisés une fois par an, pour la fête de Pâques.

# La truite au vin rouge

Cette recette auvergnate est une surprenante version de la truite au bleu.
Le poisson est ici servi froid, dans sa gelée parfumée.

**Truite fario ou truite arc-en-ciel ?**
La plupart des rivières à truites étaient riches de truites fario de souche. Ces petites truites sauvages, les plus savoureuses en cuisine, ont été souvent remplacées par des truites arc-en-ciel ou des truites fario importées. La truite sauvage est un poisson très fragile qui ne survit que dans des eaux claires et non polluées…

**Fermé pour cause d'ouverture !**
Chaque année, le jour de l'ouverture de la pêche, dans de nombreux villages de France, on trouve ce panneau accroché à la devanture des commerces : Fermé pour cause d'ouverture !

**POUR 4 PERSONNES**
**Temps de préparation** : 15 minutes
**Temps de cuisson** : 25 minutes
**Temps de repos** : 30 minutes minimum

4 belles truites de rivières (fario)
1 poignée de lardons
40 cl de vin rouge
10 g de gelée de viande
10 cl de bouillon de légumes
2 cl d'eau-de-vie de fruits
1 pincée de cannelle en poudre
10 g de beurre

✥ Lavez et videz soigneusement les truites.
✥ Séchez-les dans du papier absorbant.
✥ Faites fondre et légèrement mousser le beurre dans une poêle. Ajoutez les lardons et laissez rissoler à feu doux. Le beurre ne doit surtout pas noircir.
✥ Faites délicatement colorer les truites sur les deux faces, puis retirez-les de la poêle.
✥ Placez les truites dans un plat allant sur le feu.
✥ Mouillez et couvrez avec le vin rouge, l'eau-de-vie et le bouillon de légumes. Ajoutez la gelée de viande et une pincée de cannelle. Remuez bien.
✥ Couvrez et laissez mijoter à feu très doux pendant 20 minutes.
✥ Laissez les poissons refroidir.
✥ Servez frais avec une sauce vinaigrette aux herbes fraîches du jardin.

### La tradition des concours

La France est le pays des concours. Concours de bûcherons, concours de pêche, concours de labours, concours de lancers de bottes de paille, concours de chiens de troupeaux, concours du meilleur cueilleur de champignons, concours du plus gros mangeur d'abricots, concours du plus beau gâteau, concours du village le plus fleuri… Longtemps ces concours ont mis en opposition les habitants de deux villages voisins et rivaux. Les concours sont l'occasion de grandes fêtes populaires.

# L'élixir de Jouvence

Cet élixir savoyard tient son secret des plantes médicinales utilisées. Une véritable panacée. Et un breuvage qui promet de rester éternellement jeune !

**POUR 1 BOUTEILLE**
**Temps de préparation :** 10 minutes
**Temps de cuisson :** 5 minutes
**Temps de repos :** 2 mois

4 g de baies de genièvre
4 g de grains de coriandre
4 g de graines d'angélique
2 g de clous de girofle
1 bâton de cannelle
1 l d'eau-de-vie
500 g de sucre semoule
50 cl de vin blanc sec

- Versez dans une bouteille les baies de genièvre, la coriandre, l'angélique, les clous de girofle et la cannelle. Ajoutez l'eau-de-vie.
- Fermez et laissez reposer un mois en prenant soin de remuer le contenu de la bouteille deux fois par semaine.
- Déposez le sucre dans une casserole, ajoutez 12 cl d'eau et portez doucement à ébullition.
- Laissez cuire à petits bouillons environ 2 minutes.
- Ôtez du feu, laissez tiédir et ajoutez le vin blanc. Laissez refroidir.
- Filtrez l'eau-de-vie. Mélangez l'eau-de-vie et le sirop au vin blanc et mettez en bouteilles.
- Fermez hermétiquement.
- Laissez reposer entre trois semaines et un mois avant de déguster l'élixir.

### L'élixir de vie de la Grande Chartreuse

Cette boisson est confectionnée à partir de 130 plantes médicinales. La recette, créée en 1735, reste aujourd'hui encore secrète. D'abord installés à Paris, dans l'actuel jardin du Luxembourg, les moines chartreux sont aujourd'hui retirés dans leur monastère du massif de la Grande Chartreuse où ils poursuivent sa production. Seuls deux moines en connaissent la composition exacte !

## L'élixir de Jouvence de l'abbé Souris

Cette célèbre boisson est préparée à base de onze plantes médicinales. La recette aurait été mise au point en 1745 par deux abbés d'origine normande : l'abbé Souris et l'abbé Delarue. On accorde à cette boisson des propriétés veinotoniques, facilitant une bonne circulation du sang.

***

## La fontaine de Jouvence

De nombreux mythes et de nombreuses légendes parlent de l'eau d'immortalité. L'eau est tout à la fois source de vie, moyen de se purifier et promesse de régénérescence. On peut s'y baigner, s'y immerger. On peut aussi la boire pour renaître et jouir d'une vie nouvelle. Ainsi de la fontaine de Jouvence, qui coulait dans le jardin d'Éden, au pied de l'arbre de la connaissance. Dans les régions de France, de nombreuses croyances sont rattachées à des sources, des torrents, des rivières… On attribue les mêmes pouvoirs d'éternité et de jeunesse à des boissons comme l'hydromel, des liqueurs, des décoctions de plantes…

# Le gâteau à la peau de lait

On appelle « peau de lait » la crème qui se forme à la surface du lait fraîchement tiré. En Berry, cette peau fripée, onctueuse et nourrissante, était parée de toutes les vertus. Elle redonnait force et vigueur à une jeune accouchée, assurait aux nourrices un lait riche et abondant, et garantissait aux jeunes filles un teint d'une incomparable délicatesse. On la servait avec un bon café ou on l'utilisait pour « amadouer » un gâteau.

**Secret de beauté**

Avoir une peau de lait a toujours été un rêve. Cléopâtre prenait des bains de lait. Poppée, la femme de Néron, se baignait dans une baignoire remplie avec le lait de… cinquante ânesses.

Plus modestement, pour avoir une jolie peau blanche et fine, les anseuses berrichonnes, femmes qui ansaient les pots de lait dans les fabriques de poterie, avaient coutume de se laver le visage chaque dimanche avec du lait d'ânesse ou de vache fraîchement tiré.

*Le secret de cette recette berrichonne, c'est d'utiliser un excellent lait de chèvre.*

**POUR 4 À 6 PERSONNES**
**Temps de préparation** : 20 minutes
**Temps de cuisson** : 35 minutes

1,2 kg de pommes acides
60 g de sucre semoule
3 sachets de sucre vanillé
30 g de beurre
1 cuillère à soupe de farine
3 cuillères à soupe de peau de lait de chèvre ou de crème fraîche de lait de chèvre
3 œufs
3 cuillères à café de fécule de pomme de terre
2 cuillères à soupe de rhum
*Prévoir un moule rond à bords hauts d'environ 22 cm*

- Épluchez les pommes, coupez-les en quatre et ôtez le cœur et les pépins. Découpez les quartiers.
- Faites compoter les pommes dans une casserole avec une cuillère à soupe d'eau, le sucre vanillé, et le sucre semoule, puis ôtez du feu.
- Préchauffez le four à 180 °C (th. 6).
- Beurrez et farinez le moule. Faites fondre le beurre dans une casserole, puis ôtez du feu.
- Dans un bol, fouettez les œufs et la crème de lait de chèvre. Ajoutez le beurre fondu et mélangez.
- Incorporez ce mélange dans la compote de pommes égouttée.
- Dans un autre bol, délayez la fécule de pomme de terre et deux cuillères à soupe d'eau. Incorporez à la préparation.
- Remplissez le moule de la pâte. Mettez à cuire au four environ 30 minutes.
- Laissez ensuite tiédir. Arrosez de rhum mélangé d'une cuillère à soupe d'eau au moment de servir.

**Les potiers de la Borne**

Les potiers de la Borne, sur la commune d'Henrichemont, hameau situé entre Bourges et Sancerre, fabriquaient depuis le XVIe siècle de superbes terres cuites. Ces poteries anciennes sont aujourd'hui très recherchées. Le village poursuit la tradition et abrite de remarquables artisans potiers venus du monde entier.

**Le beurre au lait de chèvre de George Sand**

« Nous avons trouvé la meunière de Garat très embellie, elle nous a fait manger de la crème de chèvre exquise et du lait de chèvre idem. C'est décidément bien meilleur, *quand c'est bon*, que le lait de vache et la crème idem. »
George Sand, *Gargilesse*

# L'omelette à la rose

La rose est un peu oubliée en cuisine mais ses parfums divins ont enchanté l'Europe pendant plusieurs siècles. Avant même l'introduction de la fleur d'oranger, elle a séduit les palais et apporté une touche délicate dans un grand nombre de recettes. Biscuits à la rose, crème à la rose, confitures et gelées de rose, glace à la rose et même beurre à la rose… Les grands cuisiniers aimaient la mettre à l'honneur aux tables luxueuses.

***Cette recette d'omelette venue d'Île-de-France va étonner vos amis !***

**POUR 4 PERSONNES**
**Temps de préparation :** 5 minutes
**Temps de cuisson : 8 minutes**

6 blancs d'œufs
5 jaunes d'œufs
100 g de sucre semoule
+ 2 cuillères à soupe de cassonade
10 g de beurre
1 cuillère à soupe d'eau de rose
Huile
Sel
*Prévoir un fouet électrique*

- Préchauffez le four à 200 °C (th. 6-7).
- Dans un saladier, montez les blancs en neige ferme en ajoutant une petite pincée de sel.
- Mélangez dans un deuxième saladier les jaunes d'œufs, l'eau de rose et le sucre semoule. Fouettez quelques instants le mélange, puis incorporez peu à peu les blancs en neige.
- Faites chauffer un peu de beurre et d'huile dans une poêle et versez la préparation.
- Laissez cuire 2 à 3 minutes à feu assez vif.
- Ôtez alors la poêle du feu et placez-la 2 à 3 minutes au four. Saupoudrez d'un peu de cassonade et servez dans l'instant.

**LE BON CHOIX**
**En cuisine, la rose de mai est l'une des plus appréciées.**

**Le geste juste**
Une bonne omelette n'est pas si facile à réussir. Tout réside dans le choix d'une bonne poêle, au fond suffisamment épais. Il faut ensuite verser les œufs battus – pas trop longtemps, juste ce qui est nécessaire – dans une matière grasse bien chaude. Si vous utilisez du beurre, il doit mousser et blanchir légèrement. Comptez deux œufs par personne.

**Il était une fois… l'omelette**
L'omelette est un plat confectionné depuis l'Antiquité. Les Romains la parfumaient au miel. Plate, roulée, de forme ronde ou rectangulaire, enrichie d'herbes, de dés de pommes de terre ou, comme ici, en dessert raffiné, l'omelette se prête à toutes les variations. Les Japonais préparent de délicieuses omelettes dans des poêles carrées !

## La recette de Nostradamus

Le célèbre astrologue, qui rédigea un extraordinaire traité des confitures, nous a légué des recettes de sirop à la rose rouge « pour faire un syrop laxatif qu'une once sera une merveilleuse opération et sans violence, que l'on pourra en bailler à une femme enceinte les premiers et derniers mois en tout âge et en tout temps sans danger nul que ce soit ».

## La Fête des plantes à Courson

Pour les amateurs de plantes et de fleurs de jardin d'Île-de-France, il existe un rendez-vous annuel à ne pas manquer : la Fête des plantes à Courson, dans l'Essonne, qui se déroule chaque année au mois de mai. Des milliers de plantes à découvrir et à acheter pour son jardin, et des centaines de plantes oubliées.

*Le miel à la rose est souverain pour les maux de gorge. À essayer !*

## Mignonne, allons voir si la rose

*Mignonne, allons voir si la rose*
*Qui ce matin avait déclose*
*Sa robe de pourpre au soleil,*
*A point perdu, cette vêprée,*
*Les plis de sa robe pourprée*
*Et son teint au vôtre pareil.*
*Las ! voyez comme en peu d'espace,*
*Mignonne, elle a dessus la place,*
*Las, las ! ses beautés laissée choir ;*
*O vraiment marâtre Nature,*
*Puisqu'une telle fleur ne dure*
*Que du matin jusques au soir !*
*Donc, si vous me croyez, mignonne,*
*Tandis que votre âge fleuronne*
*En sa plus verte nouveauté,*
*Cueillez, cueillez votre jeunesse :*
*Comme à cette fleur, la vieillesse*
*Fera ternir votre beauté.*

**Pierre de Ronsard**, *Odes*

# Le poulet en coquille Saint-Jacques

Cette recette étonnante permet de servir le poulet du dimanche dans une coquille Saint-Jacques. Une spécialité, entre terre et mer, venue de Vendée…

## *Une délicate volaille de Challans sera parfaite.*

**POUR 4 PERSONNES**
**Temps de préparation :** 20 minutes
**Temps de cuisson :** 20 minutes

2 filets de poulet cuits ou le reste d'un poulet rôti
120 g de champignons
30 g de beurre
40 g de farine
50 cl de lait
2 cuillères à soupe de chapelure
Noix de muscade
Sel et poivre
*Prévoir 4 coquilles Saint-Jacques vides pour le service*

❖ *Préparez la sauce :* faites fondre le beurre dans une casserole, ajoutez la farine et mélangez bien. Versez peu à peu le lait tout en mélangeant. Laissez cuire à feu doux quelques minutes, salez, poivrez, ajoutez la muscade râpée et ôtez du feu.
❖ Préchauffez le four à 180 °C (th. 6). Épluchez les champignons et découpez-les en petits morceaux.
❖ Découpez les filets de volaille en dés.
❖ Garnissez chaque coquille de dés de volaille et de champignons.
❖ Couvrez de sauce et saupoudrez un peu de chapelure. Poivrez.
❖ Placez au four environ 10 minutes.
❖ Servez très chaud.

**Le poulet de Challans**
Ce poulet aux plumes et aux pattes noires est une race rustique très ancienne. N'en déplaise à la croyance populaire qui affirme que croiser une poule noire, comme croiser un chat noir, porte malheur, ce poulet vendéen fera le bonheur de vos invités.

### La coquille des pèlerins

La coquille Saint-Jacques a été ainsi nommée par les pèlerins de Saint-Jacques-de-Compostelle qui la prirent pour emblème car au Moyen Âge, dit-on, on ne trouvait ces superbes coquillages que le long des rivages de Galice.

### Service en coquille

La coquille Saint-Jacques permet de servir toutes sortes de préparations salées ou sucrées : petits gratins individuels, hachis de viande ou de poisson, purées ou encore flans ou gelées.

### Quand la poule avait des dents

Oui, il y eut un temps où la poule – ou du moins ses lointains ancêtres – avait des dents. Cela remonte au Jurassique, soit il y a 150 millions d'années. À cette époque, vivait l'archéoptéryx, un dinosaure à plumes, grand comme un corbeau, et qui avait de petites dents.

***Conseil gourmand***

*Vous pourrez ajouter deux cuillères à soupe de crème fraîche épaisse pour lui apporter encore plus d'onctuosité.*

# La pâte de fruits sauvages

La particularité de cette recette est de n'utiliser que des fruits et des baies rouges que vous aurez vous-même cueillis lors d'une promenade : merises, groseilles, mûres, airelles, myrtilles… Ces fruits sauvages sont généralement moins charnus que leurs cousins des jardins mais ils sont plus parfumés. Tous à vos paniers !

**POUR 10 PERSONNES**
**Temps de préparation** : 30 minutes
**Temps de cuisson** : 10 minutes
**Temps de repos** : 12 heures + séchage

500 g de fruits sauvages (merises, groseilles, mûres, airelles rouges, myrtilles bleues sauvages, cassis sauvages, canneberges…)
25 cl d'eau
400 g de sucre gélifiant
100 g de sucre cristallisé
*Prévoir un chinois et une bassine à confiture*

✥ Lavez rapidement les fruits rouges, puis essuyez-les soigneusement.
✥ Faites chauffer l'eau dans une casserole, ajoutez les fruits et faites-leur faire quelques bouillons.
✥ Filtrez dans un chinois en écrasant bien la pulpe contre les parois.
✥ Mixez la pulpe de fruits et pesez-la.
✥ Faites-la chauffer dans la bassine à confiture avec le sucre gélifiant. Faites cuire au grand perlé 10 minutes sans cesser de remuer. De gros bouillons apparaissent. Quand l'eau s'est évaporée et que la pâte devient épaisse, ôtez la bassine du feu.
✥ Étalez la pâte sur une feuille de papier sulfurisée posée sur une plaque. Lissez bien à l'aide d'une spatule plate. Laissez sécher au moins 12 heures.
✥ Quand la pâte de fruits rouges est bien sèche, saupoudrez le sucre cristallisé et rangez dans une boîte hermétique.

**LE BON CONSEIL**
Ne cueillez pas les fruits et les baies sauvages sans les connaître. Certaines peuvent être toxiques.

## Les outils indispensables pour la cueillette

Un panier en osier, un petit couteau, un peigne pour les myrtilles et des bottes pour s'enfoncer dans les ronciers sans risquer une morsure de vipères, très vives au printemps.

## Les petites friponnes

**Au XVII^e siècle, c'était le nom donné à de petites boîtes en sapin, rondes et plates, dans lesquelles on disposait des pâtes de fruits. C'est ainsi qu'on présentait le célèbre Cotignac d'Orléans, une pâte de coing au vin blanc très recherchée pour sa saveur et sa jolie couleur rubis.**

## Un dessert royal

Les pâtes de fruits étaient très à la mode à la cour du roi de France au XVII^e et au XVIII^e siècle. On les offrait lors de la réception d'invités prestigieux, on les servait à la fin des repas, on en gardait sur soi pour les parties de chasse et les sorties à cheval.

# Les boutons de capucine au vinaigre

Cette surprenante recette limousine remplace avec bonheur les câpres par des boutons de capucines. Vous obtenez un condiment savoureux, qui enrichira vos salades d'hiver ou accompagnera une viande froide.

**Temps de préparation** : 15 minutes
**Temps de cuisson** : 5 minutes
**Temps de repos** : 24 heures

400 g de boutons de capucines
100 g de gros sel
30 cl de vinaigre blanc
15 cl de vin blanc
15 cl d'eau
2 cuillères à café de sel de cuisine
2 cuillères à café de sucre semoule
2 feuilles de laurier
2 clous de girofle
10 grains de poivre noir
5 grains de genièvre
*Prévoir un bocal avec couvercle*

✤ Rincez les boutons de capucine, égouttez-les, puis essuyez-les délicatement. Déposez-les dans un plat creux et couvrez-les de gros sel. Remuez pour bien enrober les boutons de capucine. Mettez de côté pendant 24 heures.
✤ Placez le bocal choisi pendant 5 minutes dans une grande casserole remplie d'eau bouillante, puis égouttez-le et posez-le sur un grand linge propre.
✤ Ôtez le sel des boutons de capucine. Placez-les dans le bocal.
✤ Versez le vinaigre, le vin blanc, l'eau, le sel fin, le sucre semoule, les feuilles de laurier, les clous de girofle, les grains de poivre et les grains de genièvre dans une casserole. Portez le mélange à ébullition et laissez frémir 5 minutes.
✤ Ajoutez aussitôt le liquide et les aromates dans le bocal. Fermez hermétiquement et renversez le bocal. Laissez refroidir.
✤ Rangez le bocal bien à l'abri de la lumière.
✤ Attendez trois semaines avant de les déguster.

**Secrets de grands-mères**
**Prenez des boutons de capucine avant qu'ils ne soient complètement mûrs. Ôtez les petites parties jaunes, puis laisser flétrir les boutons de capucines quelques heures à l'ombre.**

**Le saviez-vous ?**

On trouvait fréquemment cette recette dans les petits livres bleus que les colporteurs du XIXe siècle transportaient dans leur balle. Elle a persisté dans bon nombre de livres d'économie ménagère jusqu'au milieu du XXe siècle. Aujourd'hui, elle est un peu oubliée.

# La brioche à la praline

Les petites pralines roses font le succès de cette brioche qui se savoure au petit déjeuner ou à l'heure du goûter.

### Un brin d'histoire

La praline est une amande enrobée de sucre, parfois coloré en rose. Cette recette remonterait au XVIIe siècle et serait l'œuvre du cuisinier du maréchal de Plessis-Pralin. Elle garnit une délicieuse spécialité lyonnaise, la tarte aux pralines roses.

**POUR 1 BRIOCHE POUR 6 PERSONNES**
**Temps de préparation** : 25 minutes
**Temps de repos** : 3 heures 30
**Temps de cuisson** : 35 minutes

280 g de farine de blé ordinaire tamisée
140 g de beurre ramolli, découpé en dés
30 g de sucre en poudre
2 œufs + 1 jaune
5 cl de lait tiède + 2 cuillères à soupe
70 g de pralines roses
12 g de levure fraîche de boulanger
1 cuillère à café de sel
*Prévoir un moule rond ou rectangulaire*

*« S'ils n'ont pas de pain, qu'ils mangent de la brioche. »*
Attribuée à Marie-Antoinette

✤ Émiettez la levure fraîche dans un bol. Ajoutez par-dessus le lait tiède et mélangez.
✤ Versez la farine tamisée dans un grand saladier et creusez un puits. Ajoutez au centre les deux œufs et le jaune, puis le sucre en poudre et le sel.
✤ Ajoutez la levure délayée et mélangez du bout des doigts.
✤ Pétrissez la pâte pendant 2 ou 3 minutes, puis incorporez les dés de beurre.
✤ Pétrissez à nouveau jusqu'à ce que la pâte devienne ferme et élastique.
✤ Formez une boule de pâte et placez-la dans le saladier. Couvrez d'un linge et laissez reposer 2 heures dans un endroit sec, à température ambiante et à l'abri des courants d'air.
✤ Concassez grossièrement les pralines roses. Quand la pâte est bien levée, pétrissez-la à nouveau et incorporez les éclats de pralines.
✤ Beurrez le moule. Placez-y la pâte, puis couvrez d'un linge et laissez à nouveau gonfler pendant 1 heure 30.
✤ Après ce temps, préchauffez le four à 180 °C (th. 6). Badigeonnez au pinceau le dessus de la brioche avec un peu de lait.
✤ Enfournez et laissez cuire environ 40 minutes.
✤ Démoulez la brioche quand elle est bien dorée et laissez-la refroidir sur une grille à pâtisserie.

### Le gâteau de Saint-Genix-sur-Guiers

Ce petit village savoyard est devenu célèbre grâce à sa spécialité gourmande, inventée par un pâtissier, un gâteau recouvert de grains de sucre et enrichi de pralines roses qu'on appelle aussi brioche de Saint-Genix. Les brioches sont cuites dans des moules ronds en bois de tilleul appelés des « coppets ».

# ÉTÉ

# Le bouillon de noces aux quatre viandes

Le bouillon aux quatre viandes est un plat particulièrement riche, qui illustre le caractère unique de la célébration du mariage. Certains, en Périgord, de peur de manquer, y ajoutent… un canard ou une oie.

**POUR 10 PERSONNES**
**Temps de préparation :** 35 minutes
**Temps de cuisson :** 2 heures 45

1 morceau de viande de bœuf d'environ 1 kg (gîte)
1 jarret de porc d'environ 800 g
1 jarret de veau avec os
1 poule (ou un poulet) vidée avec le foie
2 gousses d'ail
**Pour la farce de la poule :**
1 tranche de pain de mie
2 cuillères à soupe de lait tiède
2 jaunes d'œufs
2 branches de persil
1 branche d'estragon
1 échalote
1 oignon
1 petite gousse d'ail
Sel et poivre du moulin
4 navets
6 carottes
3 poireaux
1 tige de céleri branche
1 oignon piqué de clous de girofle
120 g de vermicelle
*Prévoir un très grand faitout*

✤ Versez 6 l d'eau froide dans un grand faitout.
✤ Épluchez deux gousses d'ail. Piquez d'ail le morceau de bœuf et déposez-le dans le faitout.
✤ Portez à ébullition, écumez, baissez le feu, salez et poivrez, puis laissez cuire à feu doux environ 1 heure.
✤ *Préparez la farce :* versez le lait tiède sur le pain de mie. Rincez le persil et l'estragon et hachez finement. Épluchez l'ail et l'échalote et hachez-les. Mélangez la mie de pain avec le persil, l'estragon, l'ail et l'échalote hachés. Salez et poivrez. Hachez le foie de volaille et ajoutez-le dans la farce.
✤ Remplissez l'intérieur de la poule de cette farce. Cousez l'orifice ou placez une petite pique en bois.
✤ Ajoutez alors le jarret de veau, le jarret de porc et la poule dans le faitout.
✤ Écumez régulièrement.
✤ Laissez cuire 1 heure à feu doux.
✤ Préparez les légumes : épluchez-les, rincez-les et coupez-les en morceaux.
✤ Ajoutez les légumes dans le faitout et laissez cuire encore 25 à 30 minutes.
✤ Égouttez alors la viande et les légumes et gardez-les au chaud. Filtrez le bouillon et versez-le à nouveau dans le faitout.
✤ Ajoutez 120 g de vermicelle et faites cuire une dizaine de minutes à petits bouillons.
✤ Rectifiez l'assaisonnement à votre goût.
✤ Servez la viande et les légumes accompagnés du bouillon au vermicelle.

*Une tradition originale*
*En Périgord, durant le temps d'annonce du mariage, les fiancés étaient dispensés de messe car, disait-on, ils risquaient de devenir sourds en entendant prononcer leur nom en chaire par le curé de la paroisse.*

### Y'a d'la casse

Dans certaines régions, en Berry, en Périgord, il était de coutume de briser une assiette à la fin du repas… Dans d'autres, comme en Vendée, les parents brisaient un pot en terre. Et plus nombreux étaient les morceaux, plus grand serait le bonheur des nouveaux époux !

### Quelle date pour se marier ?

Les mariages se célèbrent le plus souvent le samedi. Il est ainsi aisé pour les invités de poursuivre la fête jusqu'au lendemain. Diverses croyances existent sur le choix de la date opportune pour faire un bon mariage. Certains recommandent de se marier à la lune nouvelle. D'autres évitent absolument le mois de novembre, par respect pour les morts.
Et pour se protéger du mauvais sort, la mariée doit glisser une petite poignée de grains de millet dans le fond de sa poche droite.

### Le banquet des noces

**Le banquet était le plus souvent organisé dans une grange où l'on disposait de grandes tables. Les nouveaux mariés et le cortège d'invités étaient accueillis par une offrande de pain et de sel.**

### Un mariage au temps de Flaubert

« Le ménétrier allait en tête, avec son violon empanaché de rubans à la coquille ; les mariés venaient ensuite, les parents, les amis tout au hasard, et les enfants restaient derrière, s'amusant à arracher les clochettes des brins d'avoine, ou à se jouer entre eux, sans qu'on les vît… Le père Rouault, un chapeau de soie neuf sur la tête et les parements de son habit noir lui couvrant les mains jusqu'aux ongles, donnait le bras à madame Bovary mère… Les autres gens de la noce causaient de leurs affaires ou se faisaient des niches dans le dos, s'excitant d'avance à la gaieté ; et, en y prêtant l'oreille, on entendait toujours le crin-crin du ménétrier qui continuait à jouer dans la campagne. »
Gustave Flaubert, *Madame Bovary*

# La liqueur d'angélique

L'angélique verte des marais est connue depuis le Moyen Âge.
Dans les campagnes de Poitou-Charentes,
cette délicieuse liqueur fut longtemps considérée comme un médicament !

**Un don du Ciel**
*L'archange Gabriel aurait, dit-on, confié les secrets de cette plante à un moine au Moyen Âge.*

**POUR 6 PERSONNES**
**Temps de préparation :** 15 minutes
**Temps de cuisson :** 5 minutes
**Temps de repos :** 8 jours

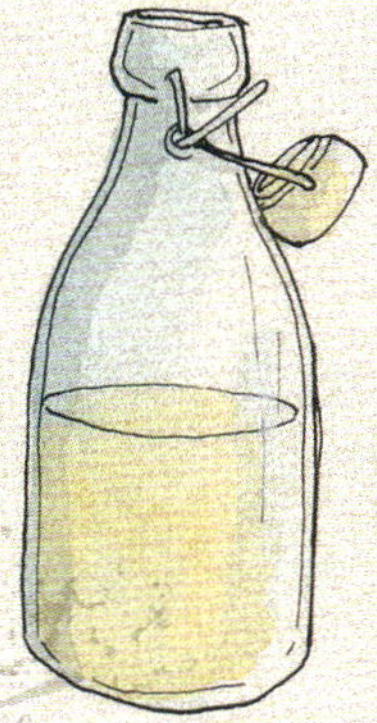

100 g de graines d'angélique
300 g de tiges d'angélique
1/2 gousse de vanille
1 clou de girofle
1 très petit bâton
de cannelle
1 l d'eau-de-vie
1 verre d'eau
400 g de sucre semoule
*Prévoir un grand bocal*

✤ Épluchez les tiges d'angélique et découpez-les en petits tronçons.
✤ Déposez les petits tronçons d'angélique ainsi que les graines dans un bocal. Ajoutez le clou de girofle, la cannelle, l'eau-de-vie et fermez-le.
✤ Placez le bocal pendant huit jours dans un endroit frais, bien à l'abri de la lumière.
✤ Au bout de huit jours, passez la préparation au travers d'une passoire fine.
✤ Préparez un sirop : versez l'eau et le sucre dans une casserole et portez à frémissement.
✤ Ôtez la casserole du feu et laissez tiédir.
✤ Ajoutez ensuite le sirop tiède dans la préparation filtrée.
✤ Fermez et conservez pendant environ quatre semaines dans un endroit frais et à l'abri de la lumière avant de déguster.

## Un médicament

Comme les liqueurs à base de myrrhe, de genièvre ou de fleur d'oranger, la liqueur d'angélique fût longtemps considérée comme un médicament plutôt qu'une boisson. Elle était utilisée contre la peste ou encore contre les morsures de vipères.
La plante entière est utilisée en phytothérapie et appréciée comme l'une des plantes les plus précieuses pour soigner.

## La petite reine de la pâtisserie et de la confiserie

L'angélique de Niort, confite dans le sucre, est devenue une spécialité célèbre qu'on utilise en décoration pour la pâtisserie ou pour préparer des bonbons comme les brindilles de Saintonge, de délicieux chocolats fourrés à l'angélique.

# La salade de tomate à l'eau-de-vie

Une recette originale qui fleure bon les marchés de Provence.

**POUR 4 PERSONNES**
**Temps de préparation :** 15 minutes
**Temps de cuisson :** aucun
**Temps de repos :** 1 à 2 heures

4 belles tomates bien mûres, gorgées de soleil
1 petit oignon
1 petit bouquet de fines herbes
Quelques brins de persil
1 cuillère à café d'eau-de-vie de fruit
1 cuillère à café de vinaigre
2 cuillères à soupe d'huile de noix
Sel et poivre du moulin

- Rincez les tomates, essuyez-les et coupez-les en tranches. Ôtez les graines.
- Égouttez les tranches de tomate.
- Déposez les tomates dans un saladier, poivrez et ajoutez l'eau-de-vie.
- Couvrez et laissez macérer 1 à 2 heures.
- Égouttez les tomates. Mélangez dans un petit bol le vinaigre et l'huile de noix.
- Salez et poivrez.
- Rincez les fines herbes et le persil et hachez finement.
- Épluchez l'oignon et hachez-le en fines lamelles.
- Couvrez les tomates de sauce vinaigrette et ajoutez les herbes et le persil hachés. Salez.
- Ajoutez l'oignon haché et servez.

### Variante

Vous pouvez ajouter quelques feuilles de basilic ciselé finement.

### La variante marseillaise

Vous pouvez remplacer l'eau-de-vie par une cuillère à soupe de pastis. Si vous optez pour une version sans alcool, remplacez l'eau-de-vie par une cuillère à café de jus d'anis.

***

### LE BON CHOIX

**Les tomates cultivées en pleine terre, qui ont mûri au soleil, bien à l'abri du vent sont les plus savoureuses. Si vous allez les cueillir au jardin, faites-le de préférence tôt le matin, à la fraîche. Quant à savoir à quel point de maturité les choisir pour les mettre en salade, à vous de décider. Il y a ceux qui préfèrent la salade de tomates bien mûres, quand la chair s'affaisse sous le doigt. Et il y a ceux qui les choisissent à demi mûres, encore fermes, entre la couleur orangée et le rouge.**

**Le saviez-vous ?**

En France, la tomate fut longtemps une plante d'ornement. Jusqu'à la fin du XVIIIe siècle, elle n'entrait pas dans les cuisines car on se méfiait de ses mauvais effets sur la santé. On la soupçonnait même d'être un poison. Les Français l'appelaient « la pomme folle » alors que les Italiens, qui l'appréciaient beaucoup et la cuisinaient depuis longtemps, la surnommaient « pomme d'amour ».

Aujourd'hui, il existe en France plus de 200 variétés de tomates et autant de couleurs différentes : rouges mais aussi jaunes, violettes, noires, etc.

# Le bar en croûte de sel

Cette recette est très spectaculaire. Le bar est cuit dans une imposante croûte de sel que vous briserez au dernier moment, devant vos convives. La cuisson à l'étouffée préserve tout le moelleux de la chair du poisson !

**POUR 6 PERSONNES**
**Temps de préparation** : 10 minutes
**Temps de cuisson** : 40 minutes

1 bar de ligne de 2,5 kg environ
3,5 kg de gros sel de mer
1 branche de thym
1 petit bouquet de persil
1 petit bouquet de cerfeuil
1 petit bouquet de ciboulette
Quelques brins d'aneth
*Prévoir une grande cocotte*

✥ Préchauffez le four à 200 °C (th. 6-7).
✥ Rincez l'intérieur du bar à l'eau fraîche. Essuyez soigneusement, puis poivrez l'intérieur et ajoutez l'aneth.
✥ Versez un tiers de gros sel dans le fond de la cocotte. Placez le bar sur la couche de sel. Disposez par-dessus le thym, le cerfeuil, le persil et la ciboulette. Couvrez complètement le poisson de sel.
✥ Faites cuire 40 minutes au four.
✥ Cassez la croûte de sel, puis ôtez délicatement le bar. Disposez le poisson entier sur un plat, prélevez la peau et servez aussitôt. Vous pouvez arroser le poisson d'un filet d'huile d'olive ou d'huile de noix.

## Le secret des moines

Les moines de l'île de Noirmoutier, qui développèrent les marais salants dès le XIIe siècle, mirent au point cette recette très simple et goûteuse. En Vendée, les cuisinières ajoutent parfois quatre blancs d'œufs pour lier la croûte de sel. Et elles farcissent le bar avec des algues.

**Ouvert comme une huître**

Il faut attendre une dizaine de minutes avant d'ouvrir la croûte de sel. Vous pouvez utiliser un couteau à pain ou un couteau d'écailler pour inciser la coque, puis l'ouvrir… comme une huître.

### À la conquête de l'or blanc

Les marais salants sont divisés en petites parcelles appelées œillets. Chaque œillet produit entre 25 et 50 kg de sel. Les paludiers récoltent le sel en ratissant la surface des œillets, où l'eau de mer s'est évaporée au soleil. Le sel le plus fin qui se forme à la surface est la *fleur de sel*.

### Tirer à la ligne

Le bar de ligne doit son appellation aux pêcheurs bretons. Dans les années 1990, ces derniers décidèrent de protéger leur pêche artisanale menacée par les pêches au chalut ou à la drague et par le bar d'élevage. Les ligneurs de la pointe de Bretagne imposèrent l'appellation bar de ligne pour tous les bars pêchés à la ligne avec des hameçons. Le bar de ligne, aux saveurs remarquables, est aujourd'hui un des poissons favoris des grands chefs cuisiniers.

### Un vrai loup de mer

Dans les ports de Méditerranée, le bar est nommé loup de mer, à cause de son appétit féroce !

# Les abricots au plat

Cette variante du riz au lait, venue du Roussillon, donne une saveur singulière aux abricots.

**POUR 4 PERSONNES**
**Temps de préparation :** 5 minutes
**Temps de cuisson :** 10 minutes

1 l de lait
5 grosses cuillères à soupe de crème de riz
4 cuillères à soupe de sucre semoule
 + 2 cuillères à soupe
1 gousse de vanille
3 carrés de chocolat noir
8 beaux abricots
30 g de beurre
*Prévoir un grand plat rond et creux*

- Rincez les abricots frais, ouvrez-les en deux et ôtez les noyaux.
- Déposez le beurre et le sucre dans une poêle, faites chauffer, donnez un tour de cuillère et déposez délicatement les abricots. Laissez frémir quelques minutes, puis ôtez la poêle du feu et laissez refroidir.
- Délayez la crème de riz dans un peu de lait froid. Faites chauffer le reste de lait dans une casserole, puis ajoutez la crème de riz délayée. Laissez cuire environ 8 minutes à feu moyen tout en mélangeant, versez ensuite la crème de riz dans le plat.
- Laissez refroidir, puis disposez les oreillons d'abricots en les espaçant.
- Râpez un peu de chocolat noir et saupoudrez-en le dessus.
- Servez frais.

### Le geste juste

**Un abricot cueilli ne mûrit pas.**
**Il faut donc le cueillir mûr à point.**

### Abricoter vos gâteaux

Pour donner du brillant à une tarte, un gâteau, l'astuce traditionnelle consiste à badigeonner le dessus du gâteau au pinceau avec un peu de gelée d'abricot, éventuellement diluée dans un trait d'eau tiède.

## Avant le réfrigérateur

Au XVII^e et au XVIII^e siècle, la glace se conservait durant les mois d'été dans de profondes cavités creusées dans la terre ou la roche. C'est ainsi qu'à Versailles l'on gardait précieusement des blocs de glace à l'intention des cuisiniers et des maîtres pâtissiers du château.

## Sirop de pissenlit

2 bols de fleurs de pissenlit
1 kg de sucre semoule
1 l d'eau
1 citron non traité en rondelles fines

✥ Portez à ébullition l'eau et les fleurs de pissenlit. Ôtez du feu, couvrez et laissez infuser pendant une nuit.
✥ Filtrez le mélange dans une passoire et pressez les fleurs pour bien extraire les sucs.
✥ Faites chauffer jusqu'au frémissement le liquide filtré avec le sucre et les rondelles de citron dans une casserole. Laissez cuire à petit feu jusqu'à ce que le mélange prenne une consistance sirupeuse, puis laissez refroidir et mettez en bouteille.

### Le saviez-vous ?

**Autrefois, les marchands de glace niçois râpaient de gros pains de glace devant les clients pour préparer leur Grata queca. Aujourd'hui, c'est plus simple, plus rapide – et moins sportif : on passe les glaçons dans le bol du mixeur durant quelques secondes.**

***

Les petits métiers parisiens.
*Le Marchand de glaces.*

# Le poisson à la vapeur d'algues

Plus appréciées chez nos voisins gallois ou irlandais, les algues sont néanmoins présentes dans la tradition bretonne pour cuire les coquillages et les poissons. Comme dans cette recette, où la cuisson à la vapeur magnifie les saveurs iodées du poisson. Une jolie manière de s'initier au plaisir de la cuisine en bord de mer.

**POUR 4 PERSONNES**
**Temps de préparation** : 10 minutes
**Temps de cuisson** : 20 minutes

4 filets de poisson
2 poignées d'algues fraîches
2 pincées de curry en poudre
Sel
Poivre du moulin
*Prévoir un cuit-vapeur*

✤ Remplissez le fond du cuit-vapeur d'eau. Placez les algues dans le panier du cuit-vapeur.
✤ Rangez les filets de poisson sur les algues, saupoudrez de curry en poudre et poivrez.
✤ Salez légèrement.
✤ Portez l'eau dans le cuit-vapeur à frémissement. Placez aussitôt le panier sur le cuit-vapeur, couvrez et laissez cuire à frémissement une douzaine de minutes.
✤ Servez les filets chauds accompagnés de crème fraîche parfumée d'une pincée de nori en paillettes.

**LE BON CONSEIL**
**Si vous achetez des algues séchées, il vous suffira de les tremper quelques instants dans un bol d'eau tiède, puis de les essorer soigneusement avant de les utiliser dans la recette.**

**Variation gourmande**
Pour varier les saveurs, faites un mélange de plusieurs algues (wakamé, nori, dulse, kombu, laitue de mer...).
***

**Le saviez-vous ?**
Les algues alimentaires possèdent des saveurs iodées délicates et très variées : de crustacés, de champignon, de noisette, d'oseille... À découvrir.

## Un grand retour sur nos tables

Nos côtes bretonnes sont riches en algues, tout particulièrement le long de la côte Nord, comme à Roscoff où on en dénombre plus de huit cents variétés. Autrefois, les algues servaient principalement à amender les terres agricoles. Elles font aujourd'hui leur grand retour en cuisine. Elles sont extrêmement riches en vitamines et minéraux précieux pour la santé. Les cuisiniers explorent peu à peu leurs qualités gustatives. Les algues se prêtent à toutes sortes de préparations et sont délicieuses dans les potages, en salade, pour la cuisson des poissons et des crustacés et même... dans les flans ou encore pour confectionner des glaces. Au Japon, les algues occupent une grande place dans la cuisine et pas uniquement pour préparer des sushis.

## La cueillette du goémon

Autrefois, les algues étaient récoltées sur la grève à l'aide de charrettes tirées par des chevaux. Les tracteurs et les canots à moteur ont aujourd'hui pris la relève.

## Connaissez-vous le Scoubidou ?

C'est un bateau équipé d'un bras hydraulique qui plonge dans la mer et arrache les grands limonaires (algues).

*À découvrir*
*La Fête des algues à Lézardrieux (Festiv'algues), à Lanildut (profitez-en pour visiter la maison de l'algue Ti ar Bezhin), à Plougarneau avec l'écomusée...*

# La soupe à la fleur de courgette

Dans le comté de Nice, la courgette est cultivée et appréciée depuis l'époque romaine. On l'aime et on la cuisine de mille façons. Mais ce qu'on préfère, par-dessus tout, c'est les fleurs de courgettes que l'on prépare sous forme de beignets ou en soupe.

**Le marché du cours Saleya**
Quand on jouit du climat méditerranéen, si favorable à la culture des légumes et des aromates, entretenir un potager est pur bonheur ! Mais si vous n'êtes que de passage, allez flâner au marché du cours Saleya à Nice : un enchantement !

**POUR 6 PERSONNES**
**Temps de préparation** : 15 minutes
**Temps de cuisson** : 20 minutes

300 g de courgettes
300 g de pommes de terre
12 fleurs de courgettes
2 l d'eau
1 oignon
2 tomates
1 gousse d'ail
4 feuilles de basilic
3 pincées de thym
Sel et poivre
Huile d'olive
Parmesan râpé
*Prévoir une grande marmite*

- Épluchez les pommes de terre, rincez-les et découpez-les en cubes.
- Rincez les courgettes et coupez-les en rondelles.
- Déposez les pommes de terre et les courgettes dans une marmite, versez de l'eau froide et portez à ébullition. Laissez cuire à petits bouillons environ 20 minutes.
- Épluchez l'oignon et l'ail et hachez finement.
- Faites revenir l'oignon et l'ail dans une poêle huilée.
- Rincez les tomates, essuyez-les, ôtez les graines, puis coupez les tomates en dés.
- Ajoutez l'oignon et l'ail hachés et les dés de tomates dans la soupe. Hachez les feuilles de basilic et ajoutez-les. Salez et poivrez.
- Faites cuire à frémissement encore 10 minutes. Mixez la soupe.
- Rincez les fleurs de courgette et découpez-les en fines lanières. Ajoutez-les dans la soupe et laissez cuire encore 1 à 2 minutes.
- Ajoutez le parmesan râpé au moment de servir.

## La légende de saint Fiacre, patron des jardiniers

*Fiàchra* (ou Fiacre en français) est un moine irlandais du VIIe siècle. Avec quelques compagnons, il fonda un petit monastère dans la campagne, près de la ville de Meaux. Il y accueillait pèlerins et malades et devint rapidement très populaire pour ses guérisons. Il créa un jardin potager et fit pousser des herbes médicinales pour soigner ses malades. *Fiàchra* est un des saints les plus célébrés en France. Ce patron des jardiniers est représenté avec une bêche dans une main et un livre dans l'autre.

# Les moules en beignet

Les moules tout le monde connaît et tout le monde aime.
Les beignets tout le monde connaît aussi et tout le monde aime également.
Mais connaissez-vous les beignets de moules ? Une rareté qui va régaler vos amis !

**POUR 4 PERSONNES**
**Temps de préparation :** 20 minutes
**Temps de cuisson :** 15 minutes
**Temps de repos :** 2 heures

1 kg de moules
10 cl de vin blanc
1 gousse d'ail
2 échalotes
3 pincées de thym
2 ou 3 branches de persil
**Pour la pâte :**
125 g de farine
10 cl de lait
3 cl de bière
2 œufs + 1 blanc
Sel et poivre du moulin

❖ Grattez les moules à l'aide d'un couteau pointu, puis rincez-les et égouttez-les. Versez ensuite les moules dans une sauteuse, portez à feu vif, remuez plusieurs fois et dès que les coquilles s'ouvrent, ôtez la sauteuse du feu.
❖ Égouttez les moules dans une grande passoire et recueillez le jus de cuisson.
❖ Ôtez les moules de leurs coquilles et déposez-les dans un plat creux. Vous pouvez vous débarrasser des coquilles.
❖ Épluchez et hachez l'ail et l'échalote. Rincez, essuyez et hachez finement le persil. Ajoutez le vin blanc, l'ail et l'échalote hachée, le thym, le persil, le sel et le poivre sur les moules. Couvrez d'un film alimentaire. Laissez au repos 2 heures.
❖ *Préparez la pâte à beignets :* Séparez les blancs des jaunes d'œufs en les déposant dans deux saladiers. Versez la farine dans un saladier, creusez un puits et versez-y le lait, la bière, les jaunes d'œufs et le sel. Incorporez-les peu à peu dans la farine.
❖ Mélangez soigneusement en une pâte homogène. Couvrez d'un film alimentaire et placez au frais 30 minutes, puis montez les blancs en neige à l'aide d'un batteur et incorporez-les peu à peu dans la pâte en vous aidant d'une spatule.
❖ Trempez les moules une à une dans la pâte à beignet. Faites chauffer un fond d'huile dans une grande poêle. Déposez les moules enrobées de pâte dans l'huile chaude et laissez-les cuire 3 à 4 minutes en les retournant à l'aide d'une spatule pour les laisser dorer des deux côtés, puis égouttez-les dans un papier absorbant.
❖ Filtrez ensuite le jus de cuisson des moules, versez-le dans une casserole et laissez réduire quelques instants à feu moyen.
❖ Servez les beignets chauds avec le jus de moules réduit.

*À la moule, à la moule,*
*C'est 2 sous les moules !*

**LE BON CONSEIL**
Vous pouvez réchauffer les beignets en les passant quelques minutes au four avant de les servir.
***

### La pêche à pied

La plupart des moules consommées sont des moules élevées à partir d'un naissain. Mais pour les amateurs de pêche à pied, rien ne vaut les moules sauvages ! Tout en respectant la réglementation en vigueur pour le choix des lieux et du matériel.

*Le saviez-vous*
*La culture des moules s'appelle la mytiliculture.*
*La culture des huîtres, l'ostréiculture.*
*Et celle des coquilles Saint-Jacques, la pectiniculture !*

### La moule de bouchot

**Réputée pour ses qualités gustatives, la moule de bouchot est élevée sur de longs piquets plantés dans la mer.**
**Cette méthode a été, dit-on, mise au point par un Irlandais au XIIIe siècle. Naufragé sur la côte de Charente-Maritime, il réussit à survivre en se nourrissant d'oiseaux attrapés à l'aide d'un filet tendu entre deux perches.**
**Au bout de quelque temps, il s'aperçut que des moules se développaient le long des perches.**

# La confiture à la plume d'oie

Celle étonnante confiture est une spécialité de Bar-le-Duc.
Les groseilles sont épépinées à la main à l'aide d'une plume d'oie. Un vrai travail d'artiste !

*La confiture à la plume d'oie était déjà célèbre au XVI^e siècle. Nous vous donnons ici une version très ancienne. On la servait à la cour dans de minuscules confituriers en cristal.*

**POUR 2 POTS DE 500 G**
**Temps de préparation :** 1 heure 30
**Temps de repos :** 24 heures
**Temps de cuisson :** 20 minutes

1,3 kg de groseilles à maquereaux
850 g de sucre
Le jus d'un citron

- Après la cueillette, de préférence à la rosée du matin, rincez les groseilles, puis égrappez-les. Épépinez délicatement les groseilles une à une à l'aide d'une plume d'oie.
- La difficulté est de prélever les pépins sans rien perdre la pulpe et sans meurtrir les groseilles.
- Dans une bassine à confiture, versez doucement les groseilles sans les abîmer, ajoutez le sucre et le jus de citron. Portez au frémissement, puis versez délicatement dans un récipient.
- Couvrez et gardez au frais pendant une nuit.
- Prélevez quelques groseilles à maquereau et mettez-les de côté. Pressez le reste des groseilles dans un tamis afin de récupérer le maximum de pulpe et d'ôter les peaux.
- Remettez la préparation dans la bassine à confiture. Ajoutez les groseilles entières réservées.
- Portez à nouveau à ébullition en remuant très délicatement.
- Poursuivez la cuisson à feu assez vif pendant 8 minutes. Écumez, puis redonnez un tour de bouillon. Vérifiez que la confiture est bien prise.
- Mettez en pots en intégrant délicatement les groseilles entières.
- Couvrez et gardez à l'abri de la lumière.

**À vous de choisir**
La groseille permet de réaliser des confitures, des marmelades, des pâtes de groseille et de délicates gelées, blanches ou rouges.

### La plume d'oie, ça sert aussi... à écrire.

La plume d'oie est idéale pour réaliser les pleins et les déliés. Elle a une réserve naturelle, la penne, pour l'encre.
Les plumes d'oie doivent être taillées avec soin. On utilise aussi d'autres plumes d'oiseaux pour écrire comme la plume de corbeau, la plume de canard ou la plume de coq de bruyère.
La plume d'oie fut surtout utilisée au Moyen Âge mais elle était déjà connue comme outil d'écriture par les Romains.

### La maison Dutriez

La confiture de groseilles de Bar-le-Duc est devenue une marque déposée en 1994. La maison Dutriez est la seule maison qui fabrique et commercialise cette confiture.

*« La guêpe mangeait la gelée de groseille de la tarte. Elle y mettait une hâte méthodique et gloutonne, la tête en bas, les pattes engluées, à demi disparue dans une petite cuve rose aux parois transparentes. »* Colette, Les Vrilles de la vigne

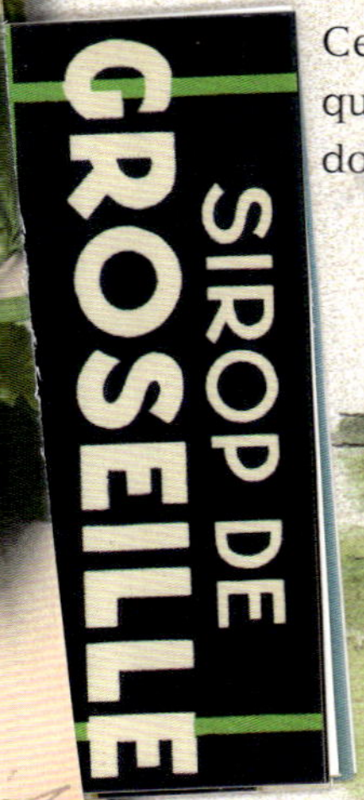


### Un fruit à découvrir, la groseille à maquereau

Cette groseille de jardin, délicieuse en bouche, est plus grosse que la groseille rouge. Elle ressemble à un melon miniature et donne une gelée et une confiture d'une superbe transparence.

# Les maquereaux en caille

Cette recette normande donne aux maquereaux, bardés de lard, l'apparence boulotte d'une caille.

**POUR 4 PERSONNES**
**Temps de préparation :** 15 minutes
**Temps de cuisson :** 12 minutes
**Temps de repos :** 30 minutes

4 maquereaux vidés
12 petites bardes de lard
6 grains de poivre
2 cuillères à soupe d'huile d'olive
1 bouquet de persil
2 oignons rosés
Sel
*Prévoir 12 petites piques en bois et un plat allant au four*

- Rincez les maquereaux et essuyez-les. Coupez chaque maquereau en trois tronçons de taille régulière.
- Rincez le persil, essuyez-le et hachez-le. Épluchez les oignons et hachez-les.
- Déposez les morceaux de poisson dans un plat creux et couvrez d'huile, ajoutez les grains de poivre, le persil et les oignons hachés. Salez. Couvrez d'un film alimentaire et placez au frais 30 minutes.
- Préchauffez le four à 180 °C (th. 6). Égouttez les morceaux de maquereaux.
- Entourez chaque morceau de poisson d'une barde de lard fixée à l'aide d'une pique en bois.
- Placez au four une dizaine de minutes. Ôtez les grains de poivre de la marinade.
- Servez le poisson avec la garniture de persil et d'oignons hachés.

**La Fête du maquereau à Fécamp**
Chaque année, en août, se tient la Fête du maquereau. L'occasion, pour ceux qui ne le connaissent pas, de visiter le musée des Terre-Neuvas. Vous saurez tout sur la pêche du hareng dans les boucanes et découvrirez la vie des hauturiers, qui partaient pêcher la morue pendant plusieurs mois jusqu'à Terre-Neuve.

**Un trésor de santé**
Comme tous les poissons gras, riches en oméga 3, le maquereau est excellent pour la santé. Il apporte du magnésium, du phosphore, du sélénium, des vitamines B2, B3, B12. Les petits maquereaux sont aussi appelés « lisettes » ou « sansonnets ».

# Les cédrats confits

Le génie n'est qu'une longue patience, disait Voltaire.
De la patience, il vous en faudra pour réaliser cette petite merveille.
Mais vous ne le regretterez pas !

*Les cédrats sont des fruits très répandus en Corse. Plus gros que le citron, le cédrat possède un arôme subtil et incomparable. On confectionne également des confitures et des pâtes de cédrat.*

**Le saviez-vous ?**
Traditionnellement, les Corses mettaient les cédrats à fermenter dans des tonneaux remplis d'eau de mer. Cela facilitait la conservation le temps de l'expédition des fruits vers les pâtissiers et les confiseurs du continent. La saumure aussi a l'avantage d'ôter une grande partie de l'amertume de ce fruit.

**Temps de préparation :** 1 heure 30
**Temps de cuisson :** 2 heures 30
**Temps de repos :** 14 jours

1 kg de cédrats préparés
1 kg de sucre
1 l d'eau

**Les bons conseils**

**Vous pouvez déguster les cédrats confits en guise de friandise ou bien les utiliser pour parfumer une viennoiserie ou décorer un gâteau.**

**Variante**

Vous pouvez confire seulement les zestes prélevés comme vous feriez pour tous les agrumes : citron, orange, pamplemousse…

✥ Coupez les cédrats en quatre dans le sens de la longueur. Ôtez les pépins, puis plongez les cédrats dans un récipient rempli d'eau fraîche salée. Laissez-les macérer quatre ou cinq jours, en changeant l'eau matin et soir afin de les attendrir et d'enlever un peu d'amertume.

✥ Après ce temps, égouttez-les rapidement et faites-les cuire dans une casserole remplie d'eau. Ils doivent juste ramollir.

✥ Ôtez-les du feu à l'aide d'une écumoire et plongez-les aussitôt dans un bain d'eau froide. Laissez-les s'égoutter jusqu'au lendemain.

✥ Pesez les fruits égouttés. Dans une casserole, préparez un sirop en portant à ébullition le même poids d'eau et de sucre que vous avez de cédrats. Quand le sirop bout, ajoutez les cédrats et faites cuire au frémissement pendant 15 minutes.

✥ Ôtez du feu et laissez les cédrats reposer dans ce sirop pendant 24 heures.

✥ Égouttez les fruits. Portez de nouveau le sirop à ébullition et renouvelez l'opération de la veille en faisant cuire les cédrats 15 minutes au frémissement.

✥ Répétez cette opération pendant une semaine.

✥ Pour la réjouissance de l'œil, vous pouvez reconstituer les fruits. Laissez-les égoutter et sécher sur une grille, puis conservez-les après les avoir éventuellement roulés dans du sucre.

### La cédratine

Cette délicieuse liqueur de cédrat est confectionnée à partir de zestes de cédrats séchés mis à macérer dans de l'eau-de-vie. Elle est servie au moment du digestif.

### Les épices de chambre

Au Moyen Âge, on donnait le nom d'épices de chambre aux pâtes de fruits et aux fruits confits dont les seigneurs faisaient un grand usage. Les fruits étaient souvent confits dans le miel avec des épices.

# AUTOMNE

# La soupe à l'eau bouillie

La cuisine détox existe depuis longtemps dans les campagnes !
Cette étonnante recette provençale à la sauge est idéale pour ceux qui ont fait des excès de table !

**POUR 4 PERSONNES**
**Temps de préparation :** 5 minutes
**Temps de cuisson :** 20 minutes

2 l d'eau
6 feuilles de sauge
6 gousses d'ail
Sel et poivre du moulin
Huile d'olive
Quelques tranches de pain de campagne
*Prévoir une marmite*

- Versez l'eau dans une marmite.
- Épluchez les gousses d'ail et ajoutez-les dans la marmite. Portez à ébullition.
- Laissez cuire à petits bouillons environ 20 minutes.
- Ajoutez les feuilles de sauge et laissez cuire à feu moyen une dizaine de minutes.
- Égouttez les gousses d'ail et écrasez-les dans une assiette creuse en vous aidant du dos d'une cuillère à soupe. Mélangez cette purée d'ail à l'eau.
- Versez un filet d'huile d'olive, poivrez et servez chaud avec les tranches de pain de campagne.

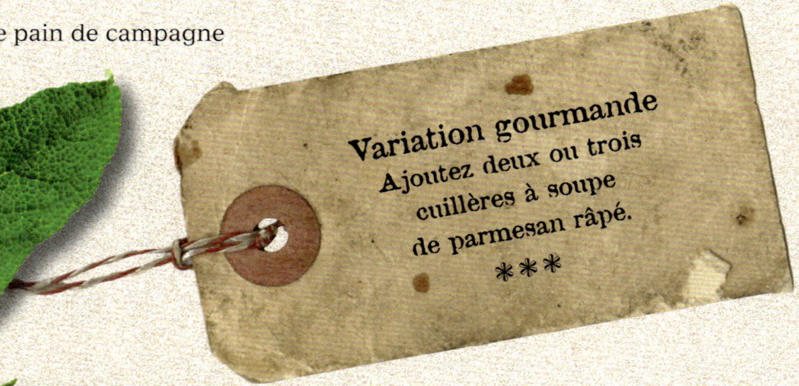

**Spécial détox**
La sauge est l'herbe qui sauve de tous les petits maux. Son nom latin, *salva,* signifie « guérir ». L'ail est réputé souverain pour tonifier et désinfecter… L'huile d'olive est connue pour drainer le foie… C'est assez dire combien cette recette est saine et excellente pour la santé !

*Dicton provençal*
*Qui a de la sauge dans son jardin,*
*de médecin n'a pas besoin.*

### Herboriser

La tradition recommande de cueillir les feuilles de sauge au matin de la Saint-Jean.

### Trempé comme une soupe

L'ajout de morceaux de pain dans la soupe est une pratique très ancienne. C'est même l'origine de la soupe. Au Moyen Âge, la soupe était une tranche de pain que l'on trempait avec du potage, d'où l'expression « être trempé comme une soupe ». N'oublions pas qu'il n'y avait pas alors d'assiette. On mangeait ce pain imbibé avec les doigts.
Chez les familles plus nobles, le tranchoir, large tranche de pain, n'était pas mouillé de bouillon. Il recueillait le jus des viandes que l'on posait dessus, en guise d'assiette.

### Aïgo boulido

En Provence, on aime les soupes en toute saison. Soupe aux fèves et sarriette, soupe de pois chiches, soupe au basilic, *aïguo saou diou* (une soupe aux œufs pochés), soupe aux pommes d'amour (tomates), soupe courte au mouton, petit salé et saindoux, soupe aux haricots avec oignon, riz et safran…

# La terrine de colverts aux noisettes

Cette recette de canard sauvage a un petit goût de marais. Autrefois, les chasseurs la préparaient avec des canards légèrement mortifiés, c'est-à-dire faisandés deux ou trois jours, ce qui donnait aux filets un fumet plus prononcé.

**POUR 8 PERSONNES**
**Temps de préparation :** 45 minutes
**Temps de cuisson :** 2 heures 30
**Temps de repos :** 2 nuits + 1 heure

850 g de filets de colverts
100 g de chair à saucisse
100 g de foies de volaille
220 g de lardons
200 g de bardes de lard
5 œufs
250 g de noisettes décortiquées
1/2 verre de cognac
1 feuille de laurier
1 feuille de sauge
1 branche de thym
1 gousse d'ail
3 échalotes
Quelques brins de persil
4 pincées de quatre-épices
Sel et poivre blanc du moulin
*Prévoir une terrine de forme rectangulaire de 25 cm de long*

**Variante**
**À défaut de colverts sauvages, vous pouvez utiliser un canard domestique.**

*La veille*
- Mettez les foies de volaille à mariner dans un bol avec le cognac.

*Le jour même*
- Épluchez l'ail et les échalotes. Hachez-les menu. Lavez, séchez et ciselez le persil.
- Découpez les noisettes en lamelles.
- Égouttez les foies de volaille. Passez au hachoir à grille fine les filets de canards, les lardons, les foies de volaille et la chair à saucisse. Ajoutez dans cette préparation l'ail, les échalotes et le persil.
- Versez la farce dans un saladier. Salez, poivrez généreusement et assaisonnez de quatre-épices. Incorporez les noisettes, puis les œufs et mélangez bien.
- Préchauffez le four à 160 °C (th. 5-6).
- Déposez la barde de lard dans le fond de la terrine. Ajoutez la farce en tassant bien.
- Recouvrez d'une autre barde de lard, décorez avec la feuille de sauge, la feuille de laurier et la branche de thym.
- Couvrez la terrine.
- Enfournez et laissez cuire au bain-marie pendant 2 heures 30.
- Sortez la terrine du four et laissez-la reposer 1 heure à température ambiante.
- Déposez une planchette et un poids sur le dessus de la terrine et laissez reposer une nuit.
- Le lendemain, ôtez la planchette et le poids, puis placez la terrine au frais.
- Sortez-la 1 heure avant de servir.

## La légende de saint Hubert, patron des chasseurs

Le seigneur Hubert vécut au XVe siècle. Il était passionné de chasse au point d'y sacrifier toutes ses journées, jours de fêtes et de célébrations religieuses compris. Un jour, alors qu'il chassait seul en forêt, ses compagnons s'étant abstenus de chasser le vendredi saint par crainte de sacrilège, Hubert vit un grand cerf blanc portant une croix entre ses bois. Le cerf se tourna vers le chasseur et lui dit :
— Hubert, Hubert, jusqu'à quand poursuivrez-vous les bêtes par les forêts, et vous amuserez-vous aux vanités du monde ?
Hubert se retira dans la grande solitude monacale et se consacra jusqu'à la fin de sa vie à la prière.
Il est devenu le patron des chasseurs.

## Le confit d'oignons à la grenadine

**Servez cette terrine avec un confit d'oignons à la grenadine ou des cerises à l'aigre-doux.**

❖ Pour le confit d'oignons, faites cuire doucement et à couvert 500 g d'oignons finement émincés pendant une douzaine de minutes. Ensuite, ajoutez un verre de vin rouge et un verre de sirop de grenadine, salez, poivrez et laissez réduire 5 minutes à feu vif.
❖ Laissez cuire à très petit feu environ 25 minutes. Ôtez ensuite du feu et laissez refroidir.

# La confiture de gratte-cul

Les gratte-cul ou cynorhodons sont les baies de l'églantier sauvage. Ces fruits très riches en pectine se cueillent à la fin de l'automne, juste après les premières gelées blanches, quand ils sont d'un joli rouge foncé.

**POUR 4 POTS DE 250 G**
**Temps de préparation :** 10 minutes
**Temps de cuisson :** 40 minutes

1,4 kg de baies d'églantier
900 g de sucre cristallisé
Le jus d'un citron
1 verre d'eau

❖ Rincez les baies d'églantier et coupez-les en deux. Ôtez soigneusement le duvet et les graines.
❖ Déposez les fruits épluchés dans une grande casserole, couvrez-les d'eau et portez doucement à ébullition. Laissez cuire à petits bouillons environ 25 minutes, puis passez les fruits à la grille fine du moulin à légumes.
❖ Déposez la pulpe obtenue dans une bassine à confiture. Ajoutez le jus de citron et le sucre. Portez doucement le mélange à ébullition tout en remuant. Laissez cuire à petits bouillons 8 à 10 minutes.
❖ Répartissez le mélange dans des pots préparés. Fermez hermétiquement et retournez les pots. Laissez refroidir, et rangez-les à l'abri de la lumière.

### Le buttémus

En Alsace, où l'églantier est très répandu, on confectionne avec ses baies de la gelée, de la marmelade, de la pâte de fruit, du sirop, de la liqueur… et bien sûr le célèbre *buttemus*, nom donné à la confiture d'églantier. Cette confiture garnit délicatement les fonds de tarte.

### Un trésor de santé

**Le cynorrhodon, très riche en vitamine C, possède de nombreuses vertus médicinales. Autrefois, dans les campagnes, on l'utilisait pour lutter contre la fatigue, en vermifuge, contre les diarrhées et en cure dépurative au printemps. Il était aussi prescrit pour guérir d'un « coup de froid ». La baie d'églantier est diurétique et favorise la digestion. À savourer en infusion ou en décoction.**

*« Ces enfants sont aussi rouges que des gratte-cul. »*
Marcel Pagnol, *La Gloire de mon père*

### Une arme redoutable

Quand on ouvre le calice de l'églantine, on découvre un fin duvet. Au temps des blouses grises, les écoliers utilisaient ces poils à gratter comme une arme redoutable. Une pincée sous une chemise ou dans le pantalon était l'assurance de vives démangeaisons et de rigolade générale.

– POITOU-CHARENTES –

# Le civet de lièvre au chocolat

Cette recette de civet est étonnante avec sa sauce au chocolat liée avec le sang de l'animal !
Âmes sensibles, abstenez-vous. Gourmets, régalez-vous !

**POUR 6 PERSONNES**
**Temps de préparation :** 25 minutes
**Temps de cuisson :** 2 heures 20
**Temps de repos :** 48 heures

1 lièvre
Le sang du lièvre
150 g de lard maigre découpé en lardons
1 verre de vin rouge corsé
2 cuillères à soupe de farine
1 cuillère à café de vinaigre de vin
1 carré de chocolat noir
Beurre
Sel et poivre du moulin
**Pour la marinade :**
3 verres de vin rouge corsé
1 verre à liqueur de cognac
1 carotte découpée en rondelles
1 oignon émincé
1 bouquet garni
10 grains de poivre noir
1 cuillère à soupe d'huile d'arachide
Les queues d'un bouquet de persil
Sel

*La veille*
✥ Préparez la marinade : déposez une partie de la garniture (carottes, persil, oignon et bouquet garni) au fond d'une grande terrine.
✥ Déposez ensuite les morceaux de lièvre, puis couvrez du reste de la garniture. Versez le vin, le cognac et l'huile, couvrez la terrine et mettez à reposer dans un endroit frais un ou deux jours. Veillez à retourner de temps en temps les morceaux pour qu'ils s'imprègnent parfaitement de la marinade.
*Le jour même*
✥ Ôtez les morceaux de viande de la terrine, égouttez-les, épongez-les dans un linge, puis passez la marinade.
✥ Faites fondre une cuillère de beurre dans une cocotte et dorez les lardons, puis ôtez-les de la cocotte et réservez.
✥ Mettez les morceaux de lièvre à dorer quelques minutes, saupoudrez de farine, versez la marinade et ajoutez un verre de vin rouge.
✥ Couvrez et laissez cuire doucement pendant au moins 2 heures.
✥ À l'aide d'un pilon, écrasez finement le foie de lièvre. Dans un grand bol, mêlez le foie au sang du lièvre et au vinaigre en ajoutant deux ou trois cuillères de jus de cuisson.
✥ Versez le tout dans la cocotte en remuant bien. Ajoutez le chocolat et les lardons et couvrez. Laissez cuire encore 5 minutes.
✥ Servez le civet accompagné de tranches de pain grillé frottées à l'ail et de pâtes fraîches.
✥ Le civet, pour être vraiment savoureux, nécessite un jeune lièvre de l'année. Pour que l'accord soit parfait, servez-le accompagné du vin de la cuisson.

*Le conseil du lièvre*
*« Rien ne sert de courir ; il faut me cuisiner à point. »*

## Courageux comme un lièvre ?

Chez nous, le lièvre est couard, peureux, vivant constamment dans la crainte. La raison en est simple, à la différence du lapin, le lièvre n'a pas de terrier ; il n'a nulle part où se réfugier. En cas de danger, il détale, il détale, que pourrait-il faire d'autre ? Au Sénégal, le lièvre n'est pas cet animal craintif décrit par La Fontaine. Il est au contraire l'animal rusé et malicieux par excellence, comme notre cher goupil. Il se nomme Leuk le lièvre et ses aventures font les délices des enfants à l'heure du conte.

***

## Le civet du sénateur Aristide Couteaux

Le civet de lièvre au sang et au chocolat fit la renommée d'un sénateur qui publia en 1898 dans le journal *Le Temps* sa recette du lièvre à la Royale. Pas moins de six pages. « J'ai fait à Paris mon premier Lièvre à la Royale chez ce cher et si regretté ami Spuller.
Ce fut un grand triomphe, dont je garderai, pour mon compte, le souvenir éternel. »
Le lièvre était cuit entier dans du vin rouge, puis désossé entièrement et savouré à la cuiller. La sauce était liée avec le sang de l'animal comme il est de tradition pour les civets de haut goût.
À la suite de cette publication, une commission parlementaire fut nommée pour vérifier la faisabilité de la recette.
« Les fourchettes sénatoriales » rendirent un verdict très favorable.

## Le lièvre et les grenouilles

*Ainsi raisonnait notre Lièvre,*
*Et cependant faisait le guet.*
*Il était douteux, inquiet :*
*Un souffle, une ombre, un rien,*
*tout lui donnait la fièvre.*
La Fontaine,
*Le lièvre et les grenouilles*

# La tarte au cidre

Cette recette met à l'honneur les meilleurs produits du terroir normand : pommes du verger, cidre doux. Et votre tarte aura une saveur inimitable !

**À visiter**
Citons le musée du Cidre à Hazo dans le Morbihan, la maison du Cidre à Argol en Finistère, l'Écomusée de la pomme et du cidre à Bretteville du Grand Caux, le musée du Cidre à Valognes en Basse-Normandie ou la Fête du cidre à Bayonne qui a lieu au printemps.

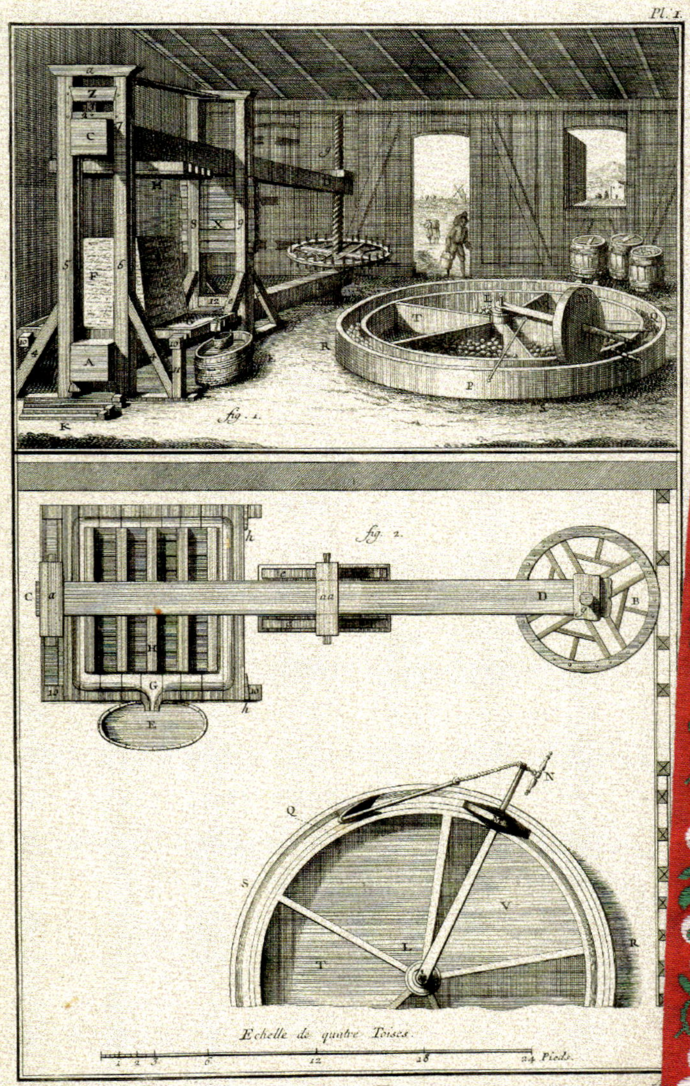


## Le cidre, une tradition avé l'accent

Si étonnant que cela puisse paraître, le cidre vient… du Sud, des rives de la Méditerranée. D'abord importée par les Maures, cette boisson fermentée s'est peu à peu répandue vers le nord de la France et adaptée aux sols et aux goûts locaux. En France, la première région à confectionner du cidre fut le Pays basque. La Normandie, la Bretagne et le Nord devinrent à leur tour des régions productrices.

**POUR 6 PERSONNES**
**Temps de préparation** : 15 minutes
**Temps de cuisson** : 20 minutes

300 g de pâte brisée
40 g de farine
3 œufs
70 g d'amandes en poudre
80 g de sucre cassonade
3 pommes
12 cl de cidre doux
12 cl de lait
1 pincée de sel
*Prévoir un moule à tarte d'environ 22 cm*

✤ Préchauffez le four à 180 °C (th. 6).
✤ Beurrez le moule.
✤ Étalez la pâte en un grand cercle et déposez-la dans le moule. Formez des bords, piquez légèrement le fond avec une fourchette.
✤ Épluchez les pommes, coupez-les en quatre et ôtez le cœur et les pépins. Râpez-les.
✤ Dans un saladier, fouettez les œufs avec le sucre semoule, le sel et la farine.
✤ Versez peu à peu le lait et le cidre dans la pâte, puis ajoutez les pommes râpées.
✤ Versez ensuite la garniture aux pommes dans le moule.
✤ Placez au four environ 35 minutes.
✤ Servez tiède en saupoudrant d'un peu de sucre cassonade.

**LE CONSEIL GOURMAND**
**Pour les pommes ajoutées dans la garniture, choisissez une variété de pommes un peu acides, comme la Reinette.**

**Variation gourmande**
Vous pouvez parfumer le mélange crémeux de la garniture d'une cuillère à café d'eau-de-vie de pomme ou d'un autre fruit de votre choix (framboise, prune, mirabelle).

# Le lapin au pain d'épice

Une recette oubliée et pourtant délicieuse.
Autrefois, le lapin sauvage appelé garenne était le plus apprécié en cuisine.
Le lapin domestique était méprisé par les cuisiniers.

**POUR 4 PERSONNES**
**Temps de préparation :** 15 minutes
**Temps de cuisson :** 1 heure

1 lapin coupé en morceaux
100 g de pain d'épice
60 g de raisins secs
30 cl de vin blanc
2 verres d'eau
4 échalotes
2 gousses d'ail
50 g de saindoux
1 feuille de laurier
3 pincées de cannelle en poudre
2 brins de thym
2 clous de girofle
Sel et poivre du moulin
*Prévoir une cocotte*

✥ Épluchez les échalotes et hachez-les. Épluchez les gousses d'ail.
✥ Faites fondre le saindoux dans une cocotte chauffée. Déposez ensuite les morceaux de lapin dans la cocotte et faites-les revenir quelques minutes à feu vif en les retournant avec une spatule afin que tous les côtés soient bien dorés.
✥ Ajoutez les échalotes hachées, les gousses d'ail entières et épluchées, et saupoudrez les morceaux de lapin d'une cuillère à soupe de farine. Mélangez.
✥ Laissez chauffer quelques minutes le contenu de la cocotte, puis versez le vin et l'eau.
✥ Ajoutez alors la cannelle en poudre, les feuilles de laurier, le thym et les clous de girofle, salez et poivrez.
✥ Couvrez la cocotte et laissez mijoter 35 minutes.
✥ Ajoutez le pain d'épices émietté et les raisins dans la cocotte. Couvrez et laissez cuire à feu doux 30 à 40 minutes.
✥ Ôtez le thym, le laurier et les clous de girofle de la cocotte au moment de servir.

*« Les lapins de garenne sont excellents à manger. Ceux de clapier ne valent rien : on les appelle mangeurs de choux. »*
Dictionnaire de Trevoux, 1752

## À la bonne fortune du pauvre

Toutes les familles élevaient des lapins, cela ne nécessitait pas de grands moyens financiers, et il suffisait de leur fournir des herbes sauvages ramassées le long des chemins et des routes. Aller chercher de l'herbe pour les lapins était l'activité des enfants. Le nord de la France est la région où le lapin est le plus populaire en cuisine. Mais en Île-de-France, il fut élevé au rang de star des fourneaux. Fulbert-Dumonteil nous en explique la raison. « Le lapin qui préside aux mariages de banlieue est un mets des barrières ; en une chiquenaude, un cri, il est mort, 5 minutes après, il saute entre le persil et l'oignon. » Citons parmi les recettes favorites des Franciliens, le fameux lapin chasseur.

## Les foires au pain d'épice

Au Moyen Âge, de grandes foires au pain d'épice se tenaient dans tout le nord de l'Europe. Surnommé le « pain de santé », on lui prêtait des vertus digestives. Farine de seigle, miel et épices forment effectivement une association harmonieuse pour les papilles comme pour la santé. La farine d'épeautre, de froment et de sarrasin entrait également dans sa préparation.

## La gourmandise de Noël

Sous forme de gros pain au miel moulé ou de biscuits en forme de cochons ou de petit bonhomme, c'est le cadeau traditionnel pour les fêtes de fin d'année, notamment en Alsace et dans le Nord.
Mais on oublie parfois que le pain d'épice est excellent pour lier une sauce et parfumer un plat salé.

## Secret de beauté

**Les médecins du Moyen Âge recommandaient aux femmes de manger du pain d'épice... pour avoir un joli teint !**

## Pain d'épice express

- Faites fondre 200 g de miel et 70 g de sucre cassonade. Ôtez la casserole du feu.
- Mélangez dans un saladier 140 g de farine de froment et 140 g de farine de seigle avec un demi-sachet de levure, une demi-cuillère à café de gingembre en poudre, une demi-cuillère à café de cannelle en poudre, une demi-cuillère à café d'anis vert et une bonne pincée de sel. Ajoutez 100 g de beurre découpé en dés dans le miel et le sucre fondus.
- Ensuite, incorporez la farine en pluie, deux œufs et 12 cl de lait. Remplissez un moule à cake beurré et fariné et faites cuire dans un four préchauffé à 180 °C (th. 6) environ 45 minutes.
- Attendez une dizaine de minutes à la sortie du four, puis démoulez le gâteau sur une grille.

# Les petits pains à la vapeur

Autrefois, en Alsace, chaque famille possédait son four et confectionnait son pain qui se conservait une bonne semaine. Mais on préparait aussi d'étonnants petits pains ronds cuits à la vapeur. Une recette à redécouvrir !

**POUR 6 PERSONNES**
**Temps de préparation** : 20 minutes
**Temps de cuisson** : 15 minutes
**Temps de repos** : 3 heures 30

150 g de farine ordinaire
150 g de farine semi-complète
8 cl d'eau tiède
7 cl de lait tiède
10 g de levure fraîche de boulanger
1/2 cuillère à café de sel
2 cuillères à soupe de sucre semoule
*Prévoir un cuit-vapeur*

✥ Dans un bol, délayez la levure fraîche dans l'eau et le lait tièdes.
✥ Mélangez les farines de blé dans un saladier. Ajoutez la levure délayée, le sel et le sucre.
✥ Pétrissez la pâte environ 10 minutes, puis déposez-la dans un saladier aux parois légèrement huilées, couvrez d'un linge et laissez reposer dans un endroit chaud environ 3 heures.
✥ Travaillez ensuite la pâte quelques instants, puis partagez-la en six parts égales. Formez des boules de pâte.
✥ Rangez-les sur une plaque et couvrez d'un linge. Laissez la pâte reposer 30 minutes dans un endroit chaud et bien à l'abri des courants d'air.
✥ Remplissez le fond du cuit-vapeur d'un peu d'eau. Portez au frémissement, puis rangez les boules de pâte dans le panier du cuit-vapeur.
✥ Faites cuire 15 minutes à la vapeur, et servez les petits pains tièdes avec la garniture de votre choix.

## Secret gourmand

Dans la recette traditionnelle, les petits pains sont cuits dans une poêle remplie d'un verre de lait, ajouté d'une cuillère à soupe de sucre en poudre et de 50 g de beurre.
Si vous procédez ainsi, privilégiez un couvercle transparent afin de surveiller la cuisson de vos pains et veiller à ce qu'ils ne brûlent pas.

## Variation gourmande

Pour une version encore plus gourmande de cette recette, vous pouvez ajouter un petit œuf entier et 30 g de beurre dans votre pâte. Dans ce cas, diminuez un peu la quantité d'eau.

***

### Avec quoi les servir ?

Servez ces petits pains à la vapeur avec une soupe de légumes du jardin ou au moment du dessert, accompagnés d'une compote de prunes, de pommes ou encore d'églantines ou bien avec une crème anglaise. Vous pourrez aussi les savourer au goûter avec quelques fruits secs ou un peu de confiture.

**Le saviez-vous ?**
**La France compte plusieurs centaines de recettes de pains différents.**

# La compote de pomme au vinaigre

Parfumée au genièvre, à la cannelle, au clou de girofle,
cette compote au vinaigre est une vraie curiosité gastronomique venue du nord.

**POUR 6 PERSONNES**
**Temps de préparation :** 10 minutes
**Temps de cuisson :** 20 minutes

800 g de pommes
1 cuillère à soupe de sucre cassonade
3 baies de genièvre
2 clous de girofle
2 pincées de cannelle en poudre
10 cl de vinaigre de cidre
Poivre du moulin
*Prévoir une cocotte*

❖ Épluchez les pommes, coupez-les en quatre et ôtez le cœur et les pépins.
❖ Versez le vinaigre, le sucre, les baies de genièvre, les clous de girofle et la cannelle dans une cocotte.
❖ Ajoutez les pommes en quartiers, mélangez bien et couvrez la cocotte. Laissez cuire à feu doux environ 20 minutes en mélangeant plusieurs fois.
❖ Servez la compote tiède avec un rôti de veau ou de porc parfumé de quelques baies de genièvre.

*Proverbe du Nord*
*« On ne vieillit pas à table. »*

### Secret de santé

**Les baies de genièvre ne sont pas uniquement intéressantes pour le parfum qu'elles donnent aux plats. Leurs propriétés tonifiantes et détoxifiantes stimulent l'organisme. Le vin de genièvre, additionné parfois de graines de moutarde ou de raifort était considéré par nos grands-mères comme un merveilleux tonique. N'hésitez pas à manger les baies de genièvre qui parfument vos choucroutes, vos soupes ou vos viandes !**

**Le saviez-vous ?**

Le vinaigre blanc était très utilisé autrefois pour faire le ménage. On l'utilisait pour faire la vaisselle, nettoyer les sols, les placards… On en mettait même dans la lessive. Un désinfectant naturel, très efficace et peu onéreux à redécouvrir.

***

**CONSEIL DU MÉDECIN**

**Convulsions des enfants.** — Débarrasser l'enfant de ses vêtements, l'étendre sur un large matelas, aérer l'appartement, éviter le bruit, faire respirer au malade du vinaigre, lui mettre des compresses froides sur la tête et des linges très chauds sur le cou.

## Secret d'antan

Autrefois dans les campagnes, on fabriquait soi-même son vinaigre en gardant précieusement « la mère ». On le parfumait avec des plantes, des herbes aromatiques ou des épices. Il était habituel de le conserver dans un vinaigrier en bois ou en terre. C'était un antiseptique très connu. Recommandé par les médecins, le vinaigre était un produit indispensable que tout le monde consommait en grande quantité. Dans le Nord, on prépare encore une « boisson de santé » en mélangeant une cuillère à soupe de vinaigre avec une cuillère à soupe de miel ou de mélasse dans une cruche remplie d'eau. Et une délicieuse tarte « à l'coloche » aux pommes et à la crème, relevée de quelques gouttes de vinaigre.

## Les marchands de vinaigre

La corporation des vinaigriers est très ancienne, elle remonte au XIe siècle. Le vinaigre était vendu soit dans la boutique du maître vinaigrier, soit par l'intermédiaire d'un marchand ambulant qui parcourait les rues en poussant une brouette chargée d'un tonneau de vinaigre. Les maîtres vinaigriers étaient riches et puissants. Ils confectionnaient et vendaient aussi des moutardes et des fruits confits au vinaigre. Le vinaigre d'Orléans était l'un des plus réputés.

## Différents crus de vinaigre

Le vinaigre de cidre, doux et excellent pour l'organisme, se fabrique avec les pommes. Il y a ainsi d'excellents vinaigres de cidre bretons, normands, de la région Nord, en Picardie et en Thiérache. Chacun possédant des saveurs particulières.

# La marmelade à l'eau de fleur d'oranger

Cette étonnante recette fleure bon la cuisine du Sud.
L'eau de fleur d'oranger provient du bigaradier dont les fruits grumeleux, les bigarades, sont des oranges… amères.
Son parfum subtil va embaumer la maison.

**POUR 6 PERSONNES**
**Temps de préparation** : 15 minutes
**Temps de cuisson** : 25 minutes
**Temps de repos** : 8 heures

1,8 kg de pommes
1 citron
3 cuillères à soupe d'eau de fleur d'oranger
800 g de sucre cristallisé
*Prévoir une bassine à confiture*

✥ Épluchez les pommes, coupez-les en quatre, ôtez le cœur et les pépins, et découpez-les en petits dés.

✥ Versez 200 g de sucre dans le fond d'un saladier, couvrez d'une couche de dés de pomme, versez un peu d'eau de fleur d'oranger, ajoutez une nouvelle couche de sucre, puis de pommes. Procédez ainsi jusqu'à épuisement des couches.

✥ Couvrez d'un film alimentaire et réservez environ 8 heures.

✥ Versez dans la bassine à confiture et faites cuire à feu assez vif environ 25 minutes tout en mélangeant régulièrement. Écumez. Mettez aussitôt en pots.

✥ Si vous avez la chance de pouvoir cueillir quelques fleurs d'oranger, ajoutez-les dans la préparation de pommes. Pour cela, plongez-les dans une casserole d'eau frémissante 5 minutes, puis arrosez d'un jus de citron, égouttez-les, pressez-les et incorporez-les aux pommes.

### Idées gourmandes

Un dessert de l'arrière-pays niçois délicieux et tout simple à préparer : un fromage frais de brebis – la brousse – légèrement sucré et parfumé d'une cuillère à soupe d'eau de fleur d'oranger.

Les fleurs d'oranger peuvent aussi être cristallisées dans le sucre.

Cueillez des fleurs d'oranger au petit matin, par une belle journée. Qu'elles soient exemptes de produits chimiques. Trempez-les rapidement dans un sirop fait de 15 cl d'eau et de 30 g de gomme arabique. Égouttez-les, puis laissez-les 30 minutes dans une assiette entre deux fines couches de sucre fin. Ôtez-les ensuite délicatement du sucre et laissez-les sécher sur une plaque couverte de papier sulfurisé.

## Secret de grand-mère

**Une tasse d'eau portée à frémissement et parfumée d'une cuillère à café d'eau de fleur d'oranger aidera les insomniaques à faire de doux rêves. Les mamans en mettent quelques gouttes sur les oreillers de leurs jeunes enfants pour les aider à bien dormir.**
**L'eau de fleur d'oranger, calmante et adoucissante, est aussi un merveilleux produit de beauté pour la peau.**

## Une myriade de douceurs

Très appréciée en Provence et sur la Côte d'Azur, l'eau distillée de fleur d'oranger parfume délicatement les pâtes à beignets, les fougasses sucrées, les pâtes à tarte et les gâteaux, les crèmes, les compotes et les limonades.

## Un brin d'histoire

Venu de Chine, l'oranger est introduit en Europe par les Arabes. Il s'est d'abord acclimaté en Sicile et en Andalousie, puis au XVI^e siècle dans le sud de la France. La fleur d'oranger est belle, douce et odorante. Une huile essentielle est préparée avec les feuilles du bigaradier. On l'appelle « petit grain bigarade » et elle est particulièrement précieuse pour ses vertus sédatives.

## Vive la mariée

La mariée porte traditionnellement une couronne de fleur d'oranger, du plus bel effet. Cette tradition ne s'explique pas uniquement par l'esthétique. Les vertus relaxantes de la fleur d'oranger sont là pour lui permettre de vivre dans la sérénité cette journée importante.

## Le saviez-vous ?

**L'écorce du bigaradier est utilisée dans la confection de spiritueux comme le triple sec, le Cointreau, le Grand Marnier ou le curaçao.**

# La tourte de blettes

Cette recette niçoise utilise la blette en dessert.
Une alliance sucrée-salée très convaincante qui étonnera la première fois seulement.

*Une petite merveille à déguster saupoudrée d'une fine couche de sucre glace.*

**POUR 6 PERSONNES**
**Temps de préparation :** 35 minutes
**Temps de cuisson :** 35 minutes
**Temps de repos :** 1 heure minimum

**Pour la pâte :**
500 g de farine + 1 cuillère à soupe
200 g de beurre en dés + 10 g
150 g de sucre semoule
2 œufs
1 pincée de sel
8 cl d'eau

**Pour la garniture :**
1 bouquet de blettes
3 pommes acides
2 œufs
120 g de sucre semoule
2 sachets de sucre vanillé
50 g de parmesan râpé
80 g de raisins secs
50 g de pignons
2 cuillères à soupe de rhum
2 cuillères à soupe d'eau-de-vie
1 cuillère à soupe d'huile d'olive
Sel et poivre du moulin
*Prévoir un grand moule à tarte à bords hauts*

✥ Déposez la farine dans un saladier. Creusez un puits, déposez les dés de beurre et mélangez du bout des doigts, puis ajoutez le sucre, les œufs battus, le sel et l'eau.
✥ Mélangez bien. Ajoutez si nécessaire un peu d'eau ou de farine.
✥ Formez une boule de pâte, enveloppez-la de film alimentaire et placez au frais une heure. Mélangez les raisins secs et le rhum dans un bol et réservez une quinzaine de minutes.
✥ Préchauffez le four à 180 °C (th. 6).
✥ Épluchez les blettes. Mettez de côté les grosses côtes pour une autre utilisation. Rincez les feuilles, égouttez-les bien et découpez en fines lanières.
✥ Dans un saladier, mélangez les œufs, le sucre semoule et le sucre vanillé, le parmesan râpé, les raisins et le rhum, les pignons, l'eau-de-vie, l'huile d'olive et ajoutez les lanières de blettes.
✥ Salez et poivrez très légèrement.
✥ Épluchez les pommes, coupez-les en quatre, ôtez le cœur et les pépins et découpez-les en fines tranches.
✥ Beurrez et farinez le moule. Séparez la pâte en deux. Étalez une boule de pâte en un grand cercle et garnissez le moule. Déposez la garniture et couvrez de pommes, puis étalez la deuxième boule de pâte en un cercle et placez-la sur la garniture. Soudez les bords avec les doigts et piquez le dessus avec une fourchette.
✥ Mettez à cuire au four environ 35 minutes. Laissez refroidir et démoulez.

**À DÉCOUVRIR**

**Les blettes sont utilisées en accompagnement d'un bon plat de viande, ou en boulettes ajoutées dans un potage. Elles sont également appréciées pour farcir des cannellonis, ou une omelette (la trouchia). Les feuilles, lorsqu'elles sont jeunes et croquantes, sont délicieuses en salade et conviennent bien aux merda di can, petits gnocchis verts. Il existe une variété de blette avec de superbes côtes rouges et des feuilles vertes.**

## La vraie cuisine niçoise

La cuisine nissarde, la vraie, qui a gardé l'accent chantant de l'Italie, est une des cuisines les plus inventives de nos régions, particulièrement riche en légumes du jardin. N'hésitez pas à vous régaler de la socca (galette de pois chiches), de la pissaladière, du pan-bagnat, de la poche de veau farcie, de la daube niçoise à l'orange, des sardines farcies, des délicieux petits farcis niçois, du tian de courge, des ganses, les beignets à la fleur d'oranger…

*À voir*

*Le musée Auguste-Escoffier, un des plus grands chefs cuisiniers français, à Villeneuve-Loubet. Ce musée consacré à l'art culinaire abrite une authentique cuisine provençale comme on en trouvait au XVIII$^{e}$ et au XIX$^{e}$ siècle.*

# Les moines

Cette recette, qui revêt les pommes d'un joli manteau de pâte, rappelle les moines et leur habit de bure. En Normandie, on les nomme aussi bourdelots.

**POUR 6 PERSONNES**
**Temps de préparation :** 15 minutes
**Temps de cuisson :** 40 minutes

300 g de pâte brisée
4 pommes de taille moyenne
30 g de beurre
1 cuillère à café de calvados
2 sachets de sucre vanillé
4 pincées de cannelle en poudre
1 jaune d'œuf

✤ Préchauffez le four à 180 °C (th. 6). Épluchez les pommes et à l'aide d'un vide-pomme, retirez le cœur et les pépins.
✤ Étalez la pâte et découpez-la en quatre carrés de 15 cm de côté. Placez une pomme sur chaque carré de pâte.
✤ Placez au cœur des pommes une noisette de beurre, un soupçon de calvados, un peu de sucre vanillé et de cannelle en poudre.
✤ Rabattez les coins des carrés de pâte sur le dessus des pommes. Soudez bien avec les doigts, puis badigeonnez d'un peu de jaune d'œuf battu.
✤ Rangez les pommes sur une plaque de four couverte de papier sulfurisé.
✤ Placez au four environ 40 minutes. Couvrez les pommes si la pâte vient à noircir.
✤ Servez chaud ou tiède avec une crème fraîche fouettée parfumée à la vanille.

**Pomme, pomme, pomme, pomme !**
Autrefois, les familles entretenaient des vergers riches de plusieurs variétés de pommes à couteau ou à cidre. En cuisine, on consommait principalement les pommes sous forme de compotes, de gelées et de marmelades. Chaque famille élaborait ses propres recettes, transmises de génération en génération. Aujourd'hui, grâce au travail passionné d'horticulteurs, les variétés anciennes de pommes sont toujours présentes dans les vergers : Calville, Court-pendu, Cusset, Sainte Germaine, Fenouillet...

**Le sucre de pomme**
Cette confiserie de Rouen, confectionnée à l'origine avec du jus de pomme concentré et du sucre, date du XVI$^{e}$ siècle. Elle est souvent vendue sous forme de bâtonnet avec un dessin de l'horloge de Rouen et les armoiries de la Normandie.

**D'autres boissons à base de pommes**
Autrefois, des alambics itinérants sillonnaient les bocages, et s'installaient dans les villages. Les bouilleurs de crus distillaient l'eau-de-vie de cidre, le célèbre calvados.

# La recette du paradis

Les viticulteurs du Beaujolais appellent « paradis » le premier vin tiré du pressoir.
Dans cette recette, on fait cuire un saucisson lyonnais sur un lit de gêne et on mouille avec le paradis.

**POUR 4 PERSONNES**
**Temps de préparation** : 15 minutes
**Temps de cuisson** : 45 minutes

1 saucisson de Lyon à cuire
75 cl de paradis
(ou à défaut de vin rouge du Beaujolais tel un Brouilly ou un Morgon)
Du gêne
1 oignon
Sel et poivre du moulin

- Préchauffez le four à 180 °C (th. 6).
- Déposez le gêne au fond d'une marmite. Posez le saucisson dessus, puis recouvrez-le de gêne. Mouillez avec le vin rouge, le saucisson doit être entièrement recouvert.
- Au besoin, rajoutez du vin.
- Ajoutez l'oignon épluché et détaillé en quartiers, salez et poivrez.
- Couvrez et laissez cuire au four pendant 45 minutes.
- Filtrez la sauce et faites-la réduire à feu vif.
- Servez le saucisson chaud avec sa sauce.

**Dans le gêne, il y a du plaisir !**

Le gêne est le résidu récupéré par les viticulteurs après avoir pressé les grappes de raisin pour en extraire le jus. Ce marc de raisin parfume délicieusement le saucisson. Si vous souhaitez réaliser cette recette chez vous, il vous faudra la complicité amicale d'un viticulteur. Sinon, vous pouvez cuire le saucisson dans le vin primeur ou le beaujolais nouveau sans ajouter de gêne. Mais le goût en sera différent et l'effet moins spectaculaire !

## La recette du pâté de pommes

✥ Préchauffez le four à 180 °C (th. 6).
✥ Épluchez 1,8 kg de pommes, ôtez les cœurs et les pépins et découpez en lamelles. Arrosez du jus d'un demi-citron.
✥ Étalez sur une plaque de four couverte d'un papier sulfurisé 500 g de pâte brisée en un grand ovale d'environ 40 cm de long et 20 cm de large. Garnissez la moitié de cette pâte étalée de lamelles de pomme en laissant un bord de 2 cm. Saupoudrez de sucre semoule. Repliez la pâte, soudez bien les bords. Placez environ 20 minutes au four.
✥ Badigeonnez la pâte de jaune d'œuf battu et laissez cuire encore 20 minutes environ.
✥ Servez tiède ou froid.

## Vive les vendanges !

La période des vendanges, qui fait appel à de nombreux saisonniers, se termine par un traditionnel banquet. Ce repas d'abondance est concocté par le viticulteur. En Beaujolais, l'on y sert des charcuteries, terrines, pâtés, saucissons, saucisses sèches, saucissons au gène, cervelas braisés, coqs au vin, gâteaux de foies de volaille, plateaux de fromages mais aussi, en dessert, un délicieux pâté aux pommes des vendangeurs. Le tout arrosé de vin primeur

## Les douze appellations du Beaujolais

Ce petit territoire viticole produit douze vins d'appellation : Beaujolais, Beaujolais-Village, Brouilly, Chénas, Chirouble, Côtes de Brouilly, Fleurie, Juliénas, Morgon, Moulin à Vent, Régnié et Saint-Amour.

## Une bonne cure de raisin !

Les Romains utilisaient déjà le raisin en cures de santé. Ils en mangeaient pendant plusieurs jours de suite sans autre alimentation de base. La cure de raisin est recommandée aujourd'hui par les naturopathes. À pratiquer de manière souple, intégrée à son alimentation quotidienne, loin des repas ou bien le temps de quelques soirées.

***La fête du beaujolais nouveau***

*Dès le troisième jeudi de novembre, dans le monde entier, on célèbre le beaujolais nouveau. Un succès commercial en Chine, au Japon, en Australie, aux États-Unis et... en France.*

# La tarte à la bière

La bière brune et la muscade donnent un goût incomparable à cette tarte.

**POUR 6 PERSONNES**
**Temps de préparation :** 15 minutes
**Temps de cuisson :** 35 minutes

**Pour la pâte :**
250 g de farine
125 g de beurre + 10 g
1 jaune d'œuf
2 pincées de sel
4 cl d'eau
**Pour la garniture :**
4 œufs
4 cuillères à soupe de crème fraîche
120 g de lardons
20 cl de bière brune
Sel et poivre
Noix de muscade
*Prévoir un moule à tarte d'environ 24 cm*

✤ Versez la farine dans un saladier, creusez un puits, ajoutez le beurre découpé en dés, puis le jaune d'œuf, le sel et l'eau.
✤ Formez une boule de pâte, enveloppez-la de film alimentaire et placez au frais 30 minutes.
✤ Préchauffez le four à 180 °C (th. 6).
✤ Étalez la pâte en un grand cercle, garnissez le moule préalablement beurré, formez des bords et piquez le fond à l'aide d'une fourchette.
✤ Répartissez les lardons sur le fond de tarte.
✤ Dans un bol, fouettez la crème avec la bière et les œufs. Salez et poivrez, et ajoutez un peu de noix de muscade râpée.
✤ Placez la tarte au four environ 35 minutes. Servez tiède.

**La cuisine à la bière**

La bière est une merveille en cuisine. Elle se prête à toutes sortes de délicieuses variations, aussi bien salées que sucrées, que ce soit dans les potages, les soupes, les tartes et les tourtes, dans les viandes mijotées ou encore parfumant les desserts comme le pain perdu, les flans ou les biscuits.

**La fête du houblon**

La grande fête organisée pour célébrer la fin de la cueillette du houblon réunissait toutes les générations. C'était là l'occasion de tuer le cochon, moment de célébration attendu pendant des mois.

## Le vin flamand

Autrefois, il existait une brasserie dans chaque village du nord de la France. Le vin flamand, comme on appelait la bière, est une très ancienne tradition remontant au Moyen Âge et développée par les moines dans les abbayes. Parfois aussi, la bière, confectionnée avec de l'orge germé, était une fabrication maison.

# Patate douce en dés confits

Étonnez vos amis avec cette recette antillaise qui utilise la patate douce comme un fruit confit. Délicieux !

**POUR 4 À 6 PERSONNES**
**Temps de préparation :** 20 minutes
**Temps de cuisson :** 30 minutes
**Temps de repos :** 1 nuit

500 g de patates douces épluchées
250 g de sucre cassonade en poudre
125 g de sucre glace
1 gousse de vanille
2 cuillères à soupe de rhum

- Coupez les patates en dés de même taille. Déposez-les dans une casserole et couvrez d'eau.
- Ajoutez le sucre cassonade et la gousse de vanille fendue dans le sens de la longueur.
- Faites chauffer jusqu'à ébullition, puis baissez le feu et laissez cuire à frémissement environ 10 minutes. Ensuite, arrêtez la cuisson et laissez refroidir les dés de patate douce dans le sirop.
- Le lendemain, égouttez les dés de patate douce à l'aide d'une écumoire.
- Faites chauffer le sirop à frémissement et laissez réduire environ 5 à 8 minutes.
- Ajoutez alors les dés de patate douce et laissez cuire à frémissement une douzaine de minutes, puis égouttez.
- Recommencez la même opération encore une fois, puis laissez refroidir les dés sur une grille.
- Mélangez le sucre glace et le rhum et badigeonnez les dés de patate douce de ce mélange en vous aidant d'un pinceau.
- Laissez sécher avant de déguster.

*Une douceur à servir avec un bon café brûlot.*

## Le café brûlot

Cette recette antillaise est une variante du café brûlot de Louisiane. Dans les deux cas, c'est un café fort, mélangé à du rhum, et flambé avant d'être servi brûlant. Pour cette recette, choisissez un bon rhum agricole.

**POUR 4-6 PERSONNES**
**Temps de préparation :** 5 minutes
**Temps de cuisson :** 5 minutes

50 cl de café très fort
10 cl de rhum blanc agricole
1/2 bâton de cannelle
1 clou de girofle
1/2 écorce de citron
5 cl de curaçao
4 cuillères à soupe de sucre de canne

❖ Faites chauffer le café sans le faire bouillir dans une casserole. Ajoutez la cannelle, le clou de girofle, le citron et le sucre de canne. Faites fondre le sucre au frémissement sans cesser de remuer.
❖ À part, dans une petite casserole, faites chauffer le rhum et, hors du feu, flambez-le. Versez le rhum flambé sur le café parfumé aux épices. Servez aussitôt et savourez très chaud.

### Le conseil

**Si vous servez ce café brûlot dans des verres, placez une cuillère dans le verre et versez le liquide brûlant sur celle-ci afin d'éviter que le verre n'explose avec la chaleur.**

### De vrais cocktails de pirates

Les pirates, grands consommateurs de rhum, avaient mis au point des cocktails détonants. L'un des plus explosifs et des moins amicaux consistait à mélanger le rhum avec de la poudre à fusil. Une autre variante du café brûlot consistait à plonger un tison rougi par le feu dans un mélange de rhum et de café.

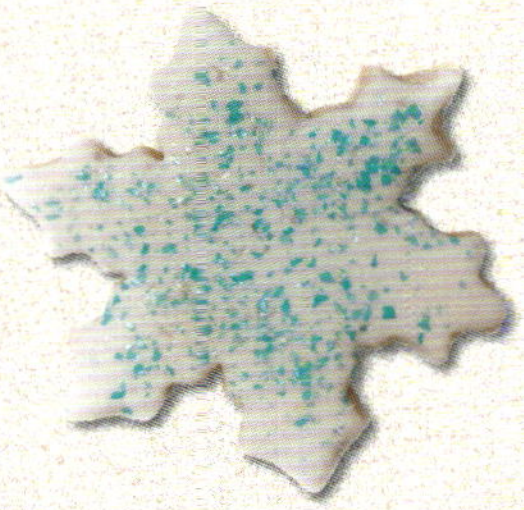

# HIVER

# La soupe de rogatons

Cette recette du pauvre existait dans de très nombreuses régions de France. À la campagne, les rogatons étaient souvent des restes de fromages que l'on mettait de côté et que l'on servait en soupe en fin de semaine. En ville, la soupe de rogatons se composait souvent de restes de viandes.

**POUR 4-6 PERSONNES**
**Temps de préparation** : 20 minutes
**Temps de cuisson** : 15 minutes

1 noix de beurre
3 oignons émincés
1 cuillère à soupe de farine tamisée
5 cl de vin blanc sec ou de bière
1 l de bon bouillon de volaille
2 gousses d'ail + 2 pour les croûtons
De menus morceaux de fromage
Quelques croûtons de pain
Quelques fines herbes hachées (ciboulette, estragon, etc.)
Poivre

✥ Dans une poêle, faites fondre le beurre. Ajoutez les oignons émincés et faites-les légèrement colorer.
✥ Saupoudrez de farine, puis ajoutez le vin blanc et remuez à feu doux.
✥ Mouillez avec le bouillon de volaille et portez au frémissement.
✥ Pendant ce temps, frottez les croûtons avec deux gousses d'ail.
✥ Ajoutez au bouillon deux gousses d'ail épluchées et coupées en deux.
✥ Versez les rogatons de fromage (sans la croûte).
✥ Faites fondre à feu doux. Goûtez et rectifiez l'assaisonnement.
✥ Servez bien chaud, accompagné des croûtons frottés à l'ail. Vous pouvez parsemer les assiettes de quelques fines herbes hachées.

### Rogaton

Nom masculin. Menus débris de nourriture, restes de viande. *Ce mendiant a sa besace pleine de rogatons.*
Il se dit aussi des plats composés de choses qui ont déjà été servies. *Il ne nous a donné à dîner que des rogatons.*
Il se dit, par extension, en littérature, de petits ouvrages sans valeur, de morceaux qui ressemblent à des rognures, à des restes. *Ce recueil ne contient que des rogatons.*
Il est familier dans les trois acceptions.
*Dictionnaire de l'Académie française*, 1932-1935

### Versailles, capitale du regrat

**On appelait autrefois regrat le commerce de denrées en petites quantités et de seconde main, notamment le sel, le charbon ou le grain. Dans la ville de Versailles, si l'on en croit Sébastien Mercier, le regrat nourrissait un quart de la population.
Un regrat de luxe grâce auquel les habitants de Versailles pouvaient se régaler de poisson ou de poulet entiers, pas même entamés, et de restes succulents provenant des cuisines du château.**

### La marchande d'Arlequin

La marchande d'Arlequin était une figure familière des marchés d'autrefois. Pour quelques piécettes seulement, elle proposait à la louche chapons, homards, turbots, poulardes ou cuissots de chevreuil. Mais pas question de choisir sa préférence ! Ces viandes et ces poissons de choix mijotaient tous ensemble dans un chaudron fumant. C'étaient les restes de plats récupérés dans les cuisines de grands restaurants ou de maisons bourgeoises. Selon la chance du client et les trouvailles du jour de la marchande, on pouvait recevoir un petit bout de jambon flottant dans un bouillon gras comme un superbe râble de lapin farci aux truffes. Une sorte de loterie gourmande ! Son chaudron rappelait l'habit d'Arlequin, cousu de pièces de toutes formes et de toutes couleurs.

### Brève histoire des soupes populaires

Les soupes populaires existent depuis fort longtemps. Au Moyen Âge, les moines servaient une soupe aux mendiants et aux voyageurs qui frappaient aux portes du monastère. Au XIX^e^ siècle, en Angleterre, apparaissent les premières distributions de soupes gratuites. Elles deviendront soupes populaires après le krach de 1929. En France, les soupes populaires n'ont jamais cessé d'exister. Elles sont aujourd'hui popularisées par les Restaurants du cœur, lancés par Coluche.

*Faire chabrot*
*Cette habitude consiste à finir sa soupe en y versant une lampée de vin rouge.*

# Le gâteau de foies de volaille

Cette recette du dimanche est très prisée dans le Lyonnais, le Forez, la Bresse et le Dauphiné…

**POUR 4 PERSONNES**
**Temps de préparation :** 20 minutes
**Temps de cuisson :** 40 minutes

4 beaux foies de volaille
200 g de brioche au beurre
50 cl de lait
4 œufs
75 g de beurre
Sel, poivre du moulin et noix de muscade râpée

- Préchauffez le four à 180 °C (th. 6).
- Faites tiédir le lait. Émiettez la brioche et déposez-la dans un plat creux. Couvrez de lait tiède et laissez imbiber 10 minutes, puis pressez la brioche du bout des doigts pour l'essorer.
- Cassez les œufs et séparez les blancs des jaunes dans deux saladiers.
- Rincez les foies de volaille, essuyez-les. Déposez-les dans le bol du robot, ajoutez les jaunes d'œuf et la brioche, et hachez finement le tout.
- Montez les blancs en neige ferme en ajoutant une petite pincée de sel fin.
- Incorporez peu à peu les blancs en neige dans la préparation hachée.
- Salez, poivrez et ajoutez un peu de noix de muscade râpée.
- Beurrez un moule à terrine. Préparez un bain-marie en versant de l'eau aux deux tiers de la hauteur dans un plat aux bords hauts.
- Garnissez le moule à terrine de la préparation, puis déposez-le dans le bain-marie.
- Placez 40 minutes au four.
- Servez le gâteau de foies de volaille tiède avec une bonne sauce tomate bien épicée.

## Les bouchons lyonnais

Cette recette populaire fait partie de l'inventaire gourmand des bouchons lyonnais. Popularisés par les mères lyonnaises, les bouchons firent la renommée de la ville en proposant des tabliers de sapeurs, des quenelles de poissons ou de foies de volaille, la cervelle des canuts…

RECETTE DE L'ÉPOQUE GAULOISE

# FOIES DE POULE DE BRESSE (AOC)

(À L'ÉPOQUE LA POULARDE ÉDUENNE ÉTAIT AUSSI RÉPUTÉE QUE LE COQ GAULOIS !)

**Le saviez-vous ?**
En Bresse, cette recette est préparée avec des foies blonds de volaille.

**Variation gourmande**
On sert parfois cette recette avec une sauce Béchamel.

## Guignol, le héros des canuts

La marionnette des quartiers Saint-Georges et de la Croix-Rousse à Lyon était le héros des canuts, les ouvriers tisserands de la ville. Il en était l'authentique porte-parole et sa verve corrosive enflammait la cité des gones. Guignol et son ami Gnafron étaient aussi les ardents défenseurs des spécialités culinaires lyonnaises.

***

# Les crêpes vertes

Cette recette illustre bien la sagesse de nos aïeux.
Une utilisation habile d'épinards qui ravira tout le monde, notamment les enfants, avec ces excellentes crêpes toutes vertes.

### Secret de grand-mère

S'il vous reste des pois cassés cuits, faites comme nos grands-mères, le lendemain, délayez-les dans un peu de lait et d'eau, faites doucement chauffer en mélangeant bien pour que le fond n'attache pas et servez-les en potage avec quelques petits croûtons dorés. Et frottez vos croûtons d'une gousse d'ail juste avant de les servir.

### Variante printanière

Au printemps, vous pouvez confectionner la même recette avec des pousses d'épinards frais, des orties ou de l'oseille qui donneront toutes une belle couleur verte.

**SECRET DE SANTÉ**

Au cœur de l'hiver, cette recette est intéressante pour son apport en fibres et en glucides lents, et sa richesse en sels minéraux.

**POUR 6 PERSONNES**
**Temps de préparation :** 15 minutes
**Temps de cuisson :** 20 minutes

1 oignon
250 g d'épinards cuits
2 œufs
2 cuillères à soupe d'huile
75 g de farine
250 g de purée de pois cassés
3 cuillères à soupe de lait
1 échalote
Noix de muscade râpée
Sel et poivre du moulin

✥ Épluchez l'oignon et hachez-le finement. Égouttez bien les épinards, puis hachez-les finement.
✥ Fouettez les œufs et l'huile dans un saladier et ajoutez la farine en pluie. Mélangez bien en veillant à ce qu'il n'y ait pas de grumeaux. Salez et poivrez, ajoutez un peu de noix de muscade râpée et mélangez.
✥ Incorporez dans la pâte l'oignon et les épinards hachés, la purée de pois cassés et le lait. Ajoutez éventuellement un peu de farine ou de lait pour obtenir une consistance souple mais dense.
✥ Faites chauffer une poêle au fond légèrement huilé. Formez de petits cercles de pâte que vous étalerez à l'aide d'une cuillère à soupe.
✥ Laissez cuire les crêpes environ 5 à 8 minutes selon leur épaisseur, retournez-les à l'aide d'une spatule, laissez cuire encore 2 minutes et servez-les chaudes.
✥ Au moment de servir, vous pouvez les saupoudrer de quelques fines herbes fraîches ou d'une ou deux pincées de thym.
✥ Vous pouvez aussi servir les crêpes vertes avec un peu de crème fraîche épaisse parfumée d'une cuillère à café de fines herbes hachées et relevée de poivre et de baies roses fraîchement moulues.

# Les beignets à la crème de macaron au citron

Cette étonnante recette de carnaval marie avec bonheur beignets, macarons et citron. Pour la bonne bouche, confectionnez-la avec d'authentiques citrons de Menton ou de Saint-Laurent-du-Var.

**La Fête du citron à Menton**

La Fête du citron à Menton se déroule chaque année entre février et mars et dure plusieurs semaines. On vient du monde entier pour y assister. Plus de 230 000 visiteurs, plus de 145 tonnes d'agrumes pour cette fête très colorée et créée au début du XXe siècle. Défilés de chars décorés de citrons, sculptures géantes à base d'agrumes…
Les citrons de Menton étaient déjà célèbres au XVIIe siècle. Longtemps, on les a vendus emballés dans de jolis papiers de soie.

**Offrez des fruits confits !**

Les fruits confits sont une spécialité de la Côte d'Azur depuis longtemps. C'était autrefois un cadeau précieux que l'on offrait pour les fêtes et pour les invités de marque.

**POUR 6 PERSONNES**
**Temps de préparation :** 15 minutes
**Temps de cuisson :** 5 minutes

3 œufs
5 jaunes d'œufs
1 cuillère à soupe de crème fraîche
125 g de farine
70 g de sucre semoule
50 cl de lait
4 ou 5 macarons secs
1 cuillère à soupe d'eau de fleur d'oranger
1 cuillère à soupe de dés d'écorce
de citron confit

**Pour la cuisson :**
Huile de friture
Farine

- Écrasez finement les macarons à l'aide d'un rouleau à pâtisserie. Vous pouvez aussi les mixer dans le bol d'un robot.
- Dans un saladier, fouettez rapidement les œufs entiers avec les jaunes et la crème fraîche.
- Ajoutez le sucre semoule et mélangez.
- Incorporez peu à peu la farine en pluie puis les macarons finement écrasés et enfin les dés de citron confit dans le mélange œufs-sucre.
- Ajoutez peu à peu le lait. Versez le tout dans une casserole et faites chauffer doucement.
- Laissez cuire 2 à 3 minutes à frémissement tout en mélangeant régulièrement. Versez ensuite la préparation dans un plat. Laissez tiédir à température ambiante, ensuite couvrez d'un film alimentaire. Laissez refroidir complètement.
- Découpez alors la pâte en petits triangles ou en petits carrés de taille régulière.
- Faites chauffer l'huile dans une friteuse ou une grande poêle haute.
- Passez rapidement les beignets dans un peu de farine. Tapotez pour ôter l'excédent.
- Faites-les cuire 3 à 4 minutes dans l'huile chaude, égouttez-les soigneusement et placez-les sur un papier absorbant.
- Servez les beignets chauds saupoudrés d'un peu de sucre glace.

## Le carnaval de Nice

Le Carnaval est célébré à Nice avec faste depuis le Moyen Âge. Au XIXe siècle, les batailles de fleurs fraîches sont venues s'ajouter aux traditionnels lancers de bonbons, de haricots, de pois chiches et même parfois de coquilles d'œufs. Les confettis de papier, eux, sont beaucoup plus récents. Aujourd'hui encore, sur les collines de la ville, les carnavaliers, bénévoles passionnés qui fabriquent les chars de carton-pâte, travaillent toute une année pour réaliser leurs chefs-d'œuvre éphémères.

## Une farandole de beignets

Pour les fêtes de Carnaval, des montagnes de beignets divers et de ganses sont confectionnées dans les familles, chez les boulangers et les pâtissiers. Car le Carnaval est ce temps particulier, où l'on festoie, où l'on danse et surtout où l'on célèbre les plaisirs de la table avant le carême et ses restrictions. Et le dernier soir lorsque vient le moment de brûler Carnaval, c'est en mangeant des beignets que l'on assiste au spectacle.

# Le bœuf à la cuiller

Cette recette se préparait autrefois sur le coin d'une cuisinière à bois.
Elle mitonnait tout au long de la journée, sans que la maîtresse de maison ait à la surveiller sans cesse.
Au moment de la servir, la viande était tellement fondante qu'une petite cuillère suffisait pour la déguster !

**POUR 4 PERSONNES**
**Temps de préparation :** 5 minutes
**Temps de cuisson :** 8 heures

1 morceau de bœuf d'environ 1,5 kg lardé
1 verre de cognac
1 verre de madère
1 verre et demi de vin blanc
40 cl de bouillon
10 petits oignons
1 gousse d'ail
3 branches de thym
2 clous de girofle
1/2 pied de veau
1 kg de carottes nouvelles
20 g de beurre
Huile
Sel et poivre du moulin
*Prévoir une cocotte*

❖ Épluchez les oignons et la gousse d'ail. Faites chauffer l'huile et le beurre dans une cocotte.
❖ Déposez le morceau de bœuf et faites-le dorer sur tous les côtés à feu vif, puis versez le madère, le cognac et le vin blanc dans la cocotte. Salez, poivrez et portez à ébullition.
❖ Ajoutez aussitôt les oignons, l'ail, les clous de girofle, le thym, le persil, le laurier et le demi-pied de veau. Versez 20 cl de bouillon. Couvrez la cocotte et laissez cuire à feu très doux environ 8 heures. Vous prendrez soin d'arroser régulièrement la viande et vous ajouterez un peu de bouillon de temps en temps pour éviter que le fond n'attache.

*Ce plat se sert avec un gratin de courgettes parfumé de thym, ou une purée de pommes de terre, enrichie de beurre et de crème.*

**Le bon conseil**
**Choisissez de préférence un morceau de culotte ou de tranche.**

**Idée dégustation**
Au moment de servir, placez la cocotte au centre de la table et chacun se servira avec… une cuillère.

## Le défilé du Bœuf Gras

Le bœuf charolais était fêté jusqu'à Paris. Le jour du défilé du Bœuf Gras, les garçons bouchers de la capitale parcouraient les rues de la ville au son des fifres et des tambours. Le bœuf gras, la tête ornée d'une branche de laurier, ouvrait le joyeux cortège. C'était l'occasion d'une journée d'amusement et de déguisement pour tous les parisiens.

## Le bœuf charolais

Ce bœuf à la belle robe de couleur blanche ou crème fournit une viande persillée, particulièrement fondante, très appréciée des amateurs.

**Proverbe**
**Qui vole un œuf ferait mieux de voler un bœuf !**

# Le camembert au calva

Le camembert se prête à de multiples préparations.
En voici une, originale, qui ravira les amateurs de fromages odorants.

**POUR 6 PERSONNES**
**Temps de préparation :** 5 minutes
**Temps de repos :** 1 nuit

1 camembert au lait cru
10 cl de calvados
3 cuillères à soupe de chapelure

- Grattez la croûte du camembert avec la pointe d'un couteau.
- Arrosez le camembert de calvados.
- Laissez reposer une nuit.
- Le lendemain, passez le camembert dans de la chapelure.
- Servez avec un cidre fermier.

## Une longue histoire

Le camembert porte le nom d'un petit village normand, dans l'Orne, près de Vimoutiers. Ce fromage était déjà connu et apprécié au XVIIIe siècle.
Autrefois, le camembert était recouvert d'une jolie moisissure bleue et servi sur un lit de paille. Jusqu'à ce que, dans les années 1880, on inventât sa célèbre petite boite ronde qui a fait sa reconnaissance dans le monde entier.
Déclaré AOC en 1983, ce fromage au lait cru de vache, moulé à la louche, est produit par cinq départements, dans une aire géographique strictement délimitée.
Le fromage présente aujourd'hui une moisissure blanche. Il est reconnaissable à sa croûte plus ou moins fripée selon son âge et son degré d'affinage.

## D'autres façons de faire macérer les fromages

Les fromages peuvent se conserver dans de l'huile d'olive comme les fromages secs de chèvre ou de brebis, dans du vin rouge, du cidre, du porto, du marc de raisin, du gêne de marc, des eaux-de-vie de fruits, dans de la saumure…

*« Un peuple ayant trois cent vingt-cinq variétés de fromages est ingouvernable. »*
Charles de Gaulle

## Le saviez-vous ?

Pour préparer le calvados, on utilise près de 200 variétés de « pommes à cidre ». Parmi lesquelles la Saint-Martin, la Belle-Fille, la Rouge-Duret, la Martin-Fessard, la Reinette normande, la Bon Père, la Rambaut, la Châtaignier, la Claque-Pépin, la Bisquet, la Court-Pendu, la Pigeonnet de Rouen, La Chevalier Jaune, la pomme d'Éclat, la Fréquin rouge Petit…

## Le calvados

Cette eau-de-vie est obtenue en distillant du cidre ou du poiré de Normandie.
Un quart de la production est obtenu en distillant du cidre du pays d'Auge.

*À visiter*
*Le musée du Calvados et des métiers anciens à Pont-l'Évêque.*

# Les flocons de neige

Une étonnante recette, d'une simplicité absolue, qui demande juste… une belle neige fraîche, tombée du ciel.

**POUR 4 PERSONNES**
**Temps de préparation :** 5 minutes

De la neige fraîche
1 pot de gelée de framboise
2 cl d'eau-de-vie de framboise
*Prévoir un grand saladier*

✤ Ouvrez le pot de gelée de framboises et renversez-le dans un saladier.
✤ Munissez-vous de cuillères et allez chercher de la neige fraîche dans le jardin.
✤ Placez le saladier dans la neige. Déposez la neige que vous venez de ramasser dans le saladier.
✤ Mélangez rapidement.
✤ Garnissez des petits pots, versez quelques gouttes d'eau-de-vie et servez aussitôt.

**La cuisine à la neige**
Dans de nombreux pays, la neige est utilisée en cuisine où elle est la source d'eau la plus simple.

## Une star mondiale

La poularde est appréciée dans le monde entier. Certains amateurs n'hésitent pas à les faire livrer jusqu'en Asie ou en Amérique.

## La volaille de Bresse

Les volailles de Bresse sont célèbres dans le monde entier pour la succulence de leur chair. Élevées en liberté et nourries de maïs et de produits laitiers, elles régalent les palais lors des fêtes de fin d'année. Des concours ont été créés pour élire les plus belles poulardes de l'année, on les appelle alors « les glorieuses ».

## Une recette de jour de fête !

La poularde est une jeune poule nourrie au lait et aux céréales et d'abord élevée en plein air. Elle est ensuite enfermée dans une petite cage et engraissée, sans connaître le moindre exercice physique, pour obtenir une chair moelleuse et fondante. Drôle de destin ! On élève des poulardes dans plusieurs régions de France comme en Bresse, en Charente, dans le Calvados ou encore en Gascogne.
Mets festif, rare et onéreux, on appelle la poularde, selon les régions, la Reine Blanche, la Reine Marguerite ou la Reine Margot.

# La terrinée

Une jolie recette du pays d'Auge, tout en saveurs crémeuses.
Autrefois, on déposait la terrinée dans le four du boulanger éteint pour la laisser doucement cuire.

**Le saviez-vous ?**
On appelle aussi la terrinée « teurgoule » ou « bourregoule ». Le mot goule signifiant « gueule ».

**POUR 6 PERSONNES**
**Temps de préparation :** 15 minutes
**Temps de cuisson :** 2 heures 30 à 3 heures

2 l de lait entier
250 g de riz rond
50 cl de crème fleurette
50 g de beurre
150 g de sucre en poudre
Cannelle en poudre
Sel
*Prévoir une terrine ou grand plat creux allant au four*

✥ Préchauffez le four à 70 °C (th. 2-3).
✥ Mélangez le riz, le sel, la cannelle et le sucre dans une terrine. Mélangez la crème et le lait dans un saladier. Versez le mélange de crème et de lait dans la terrine. Mettez au four environ 2 heures et demie.
✥ Surveillez la cuisson et ajoutez des dés de beurre sur le dessus de la terrinée dès qu'elle se colore.
✥ La terrinée se sert dans le plat de cuisson en terre vernissée. Vous la dégusterez encore tiède ou refroidie avec un cidre fermier doux.

## Remède de santé

**La cannelle est appréciée depuis le Moyen Âge pour ses parfums et vertus médicinales. Gilles de Gouberville, gentilhomme campagnard qui vécut au XVI<sup>e</sup> siècle dans le Cotentin, évoque dans son journal le sucre et la cannelle comme excellents pour soigner… un rhume. De vieux manuels de santé préconisaient pour les maux de ventre un mélange d'eau-de-vie, d'eau de rose, de cannelle et de sucre.**

### Le bon choix

Choisissez un riz à grains ronds et un lait entier pour savourer une terrinée crémeuse en bouche.

### Le bon conseil

Ajoutez un peu de lait en cours de cuisson pour éviter que votre terrinée ne soit sèche.

# Les biscuits à la citrouille

Une surprenante recette de biscuits qui marie citrouille et cacao.

**POUR 6 PERSONNES**
**Temps de préparation :** 20 minutes
**Temps de cuisson :** 15 minutes

250 g de chair de potiron épluchée
150 g de chocolat noir
1 œuf
2 cuillères à soupe d'huile
30 g de cacao
60 g de sucre cassonade
2 sachets de sucre vanillé
Noix de muscade râpée
200 g de farine
2 cuillères à soupe de farine de mais

- Découpez la chair de potiron en dés de même taille. Faites cuire le potiron dans un cuit-vapeur ou dans une grande casserole d'eau bouillante environ 20 minutes, puis écrasez la pulpe et laissez refroidir.
- Râpez finement le chocolat.
- Dans un saladier, mélangez la pulpe de potiron écrasée avec l'œuf battu, l'huile, le sucre, le sucre vanillé, un peu de noix de muscade râpée, le cacao en poudre et la farine en pluie. Ajoutez le chocolat râpé et mélangez bien.
- Préchauffez le four à 180 °C (th. 6). Prélevez une cuillère à soupe de pâte, déposez-la sur une plaque de four couverte d'un papier sulfurisé. Vous pouvez vous aider de deux cuillères à soupe. Procédez de la même manière pour le reste de pâte.
- Placez les biscuits au four pendant environ 15 minutes. Laissez-les refroidir.
- Servez avec un chocolat chaud parfumé à la vanille.

### Secret de grand-mère

**La chair râpée et crue était renommée pour soulager les brûlures et les graines réputées excellentes comme vermifuge.**

### Il était une fois...

Le cacao a été apporté du Mexique jusqu'en Europe dans les navires espagnols au XVIe siècle. Les marins basques étaient nombreux et appréciés sur ces bateaux. Et c'est donc assez logiquement que le cacao est arrivé sur les côtes françaises par le port de Bayonne. Depuis, le cacao n'a jamais quitté le pays. Chaque village basque possédait son artisan chocolatier. Le chocolat basque était très peu sucré et souvent parfumé de cannelle, à la mode espagnole. C'était le cadeau des jours de fête que l'on s'offrait entre amis.

### Une famille nombreuse

Courges, potirons, citrouilles mais aussi potimarrons, butternut, pâtissons, la famille des cucurbitacées est une grande famille. Les cucurbitacées ont l'avantage de se conserver longtemps. Les courges cueillies à l'automne peuvent se garder jusqu'au printemps si on les prend soin de les ranger dans un endroit sec, frais et à l'abri de la lumière, en évitant de les serrer les unes contre les autres.

## Les citrouilles gravées

Au-delà de nos frontières, au Mexique, au Pérou, les citrouilles servent à la réalisation de véritables œuvres d'art. Les paysans les gravent à la plume et réalisent avec de l'encre noire de formidables fresques populaires qui racontent sous forme de saynètes la vie quotidienne.

## La citrouille de Cendrillon

« – Va dans le jardin et apporte-moi une citrouille. Cendrillon alla aussitôt cueillir la plus belle qu'elle put trouver et la porta à sa marraine, ne pouvant deviner comment cette citrouille la pourrait faire aller au bal. Sa marraine la creusa et n'ayant laissé que l'écorce, la frappa de sa baguette, et la citrouille fut aussitôt changée en un beau carrosse doré. »
**Charles Perrault**

## Les lanternes magiques

Les citrouilles, courges et autres potirons, mais aussi les navets ou les concombres, font de merveilleuses et spectaculaires lanternes végétales. On avait coutume, dans de nombreuses régions de France et d'Europe, d'évider ces légumes et de placer une bougie à l'intérieur. Une fois suspendues à une pique, un bâton, une branche d'arbre ou simplement accrochées au-dessus d'une porte, elles faisaient office de lanternes. Les villageois parcouraient la campagne de nuit, allaient de porte en porte en agitant ces hautes figures spectrales et inquiétantes. Ils quémandaient une pièce ou une offrande. Cela afin de chasser les mauvais esprits des maisons et d'éloigner la mort. Ces rites avaient aussi pour but de favoriser le retour du printemps et la renaissance des cultures.

# L'omelette aux huîtres

Une recette d'huître surprenante et l'occasion de varier vos omelettes.

**POUR 6 PERSONNES**
**Temps de préparation :** 15 minutes
**Temps de cuisson :** 10 minutes

12 huîtres
6 œufs
2 cuillères à soupe d'eau
20 g de beurre
3 brins de persil
Sel et poivre
Noix de muscade râpée

✤ Écaillez les huîtres une à une. Faites chauffer une poêle et faites fondre une noisette de beurre. Déposez les huîtres dans la poêle.
✤ Laissez cuire les huîtres quelques instants, puis salez et poivrez.
✤ Rincez le persil, essuyez-le et hachez-le finement.
✤ Battez rapidement les œufs dans un saladier, salez et poivrez, ajoutez la noix de muscade et le persil haché, enfin les huîtres.
✤ Versez le tout dans la poêle bien chaude et laissez cuire quelques minutes à feu assez vif.
✤ Servez l'omelette chaude accompagnée d'une salade fraîche parfumée de fines herbes.

### Variante gourmande

Pour une omelette encore plus moelleuse, vous pouvez ajouter deux cuillères à soupe de crème fraîche dans le mélange à base d'œufs.
Vous pouvez aussi fouetter les blancs et les jaunes dans deux saladiers séparés et les réunir pour la cuisson dans la poêle.

***

### Le chasse-marée

Pouvoir apprécier des coquillages et des poissons d'extrême fraîcheur est aujourd'hui chose aisée. Il n'en était pas de même autrefois. Néanmoins, depuis le Moyen Âge, existait dans les grandes villes, un système de livraison rapide permettant aux citadins de se régaler de la pêche débarquée de la veille.
Le chasse-marée était le marchand-voiturier chargé de ce convoi très spécial. On pouvait l'apercevoir guettant l'arrivée des bateaux sur les quais de Dieppe, du Havre ou de Boulogne. À la hâte, il empilait de grands paniers d'osier remplis à ras bords dans sa voiture tirée par des chevaux et fouette cocher ! Le voyage jusqu'à Paris se faisait à grande allure, car son arrivée était toujours très attendue.

### Mangez des huîtres

L'huître est un aliment complet, riche en oligo-éléments et en micro-nutriments précieux pour la santé. Elle est aussi très digeste. Autrefois, on la recommandait aux malades et aux convalescents.

### L'omelette à la Saint-Vaast

Du nom de ce petit port de pêche du Cotentin réputé pour la qualité de ses huîtres fines et iodées, elle se sert baveuse, avec des échalotes finement ciselées. Faites d'abord cuire la garniture faite de deux échalotes finement hachées et d'huîtres. Réservez. Ensuite, faites cuire votre omelette dans une autre poêle et réunissez omelette et garniture au moment de servir.

### Les maraîchers de la mer

La Normandie est une région où on goûte particulièrement les huîtres. Les maraîchers de la mer étaient le nom qu'on donnait aux ostréiculteurs. Le littoral en pente douce et les marées importantes en font un lieu idéal pour l'ostréiculture. Saint-Vaast-la-Hougue, Port-Bail, Isigny…

# Le gâteau à l'huile d'olive

En Provence, l'huile d'olive est la petite fée de la cuisine.
Elle est partout présente, même au dessert, comme avec ce gâteau du dimanche.

**POUR 6 PERSONNES**
**Temps de préparation :** 15 minutes
**Temps de cuisson :** 35 minutes

1 orange non traitée
120 g de sucre semoule
3 œufs
175 g de farine + 20 g
1/2 sachet de levure chimique
12,5 cl d'huile d'olive
1 pincée de sel
10 g de beurre
*Prévoir un moule de 22 cm de diamètre environ de préférence à fond amovible*

- Rincez l'orange, essuyez-la et râpez-la finement. Pressez le jus.
- Mélangez la farine et la levure dans un saladier.
- Préchauffez le four à 180 °C (th. 6).
- Dans un autre saladier, fouettez vivement les œufs, puis ajoutez en pluie la farine et la levure, le sucre semoule, le sel, l'huile d'olive, le jus et le zeste d'orange râpé.
- Mélangez bien la pâte afin qu'elle devienne souple et homogène.
- Beurrez et farinez légèrement le moule et versez-y la pâte. Mettez à cuire 35 à 40 minutes.
- Laissez refroidir le gâteau, puis démoulez-le sur une grille. Saupoudrez d'un peu de sucre glace au moment de servir.

**Variante gourmande**
Vous pouvez ajouter une poignée de pignons dans la pâte et en décorer le dessus du gâteau au moment de le servir.
***

## Au temps de la récolte

En Provence, dans le comté de Nice comme en Corse, chaque famille possédait autrefois ses oliviers. Et la cueillette était un moment intense qui mettait tout le monde à l'ouvrage, parents, enfants, amis, voisins et souvent tout un village !

## Connaissez-vous la pompe ?

**Le gâteau à l'olive le plus célèbre est la pompe, délicate douceur, entre brioche et galette, parfumée d'eau de fleur d'oranger. La pompe fait partie des fameux treize desserts provençaux. Treize comme Jésus et les douze apôtres. Pompe, figues et raisins secs, noix, amandes, nougat blanc et noir, melon jaune, et selon les villages, des fruits séchés ou confits (prune, poire, pomme, raisin, cédrat), confiture ou pâte de coings, orange et mandarine.**

## Vive l'huile d'olive !

La Provence est la terre des oliviers. Et les olives portent ici des noms chantants : la Picholine, la Grossane, la Salonenque, l'Aglandeau, la Tanche... Cueillies le plus souvent à la main, de l'automne et jusqu'à la fin de l'hiver selon les variétés et l'usage que l'on souhaite en faire, elles ont toutes la même particularité, celle d'être immangeables à l'état naturel. Les olives sont donc d'abord désaminasées à l'eau, mises en saumure, confites ou encore transformées en une belle huile dorée et parfumée de grande qualité, au bouquet fruité, doux ou puissant.

Cinq kilos d'olives sont nécessaires pour produire un litre d'huile.

En cuisine, l'huile d'olive parfume les salades, les viandes, les poissons, les légumes, la pâte à pizza. Et aussi les desserts : biscuits, gâteaux et même les pâtes à tarte.

Elle est aussi un merveilleux soin de beauté, nourrissant la peau et les cheveux.

# Le bonhomme en brioche

Les petits bonhommes briochés sont une grande spécialité alsacienne.

**Les marchés de Noël en Alsace**

Le premier dimanche après le 26 novembre est le dimanche de l'Avent. C'est le jour où, en Alsace, on pose la couronne de l'Avent avec des bougies. C'est aussi le jour où ouvrent les marchés de Noël. Artisanat d'art, articles de Noël à accrocher sur le sapin, friandises, pâtisseries et pains d'épices sans oublier le traditionnel vin chaud aux épices, et les bredele que l'on savoure tout en se promenant dans la ville illuminée. Le plus célèbre est celui installé devant la cathédrale de Strasbourg.

## *Une recette à confectionner avec vos enfants.*

**POUR 2 BONHOMMES**
**Temps de préparation :** 20 minutes
**Temps de cuisson :** 20 minutes
**Temps de repos :** 3 heures 30

300 g de farine de blé ordinaire tamisée
125 g de beurre ramolli en dés + 20 g
9 g de levure fraîche de boulanger
70 g de sucre en poudre
1 œuf + 1 jaune
10 cl de lait tiède
3 pincées de sel
6 raisins secs
Des amandes effilées

- Émiettez la levure fraîche dans un bol et ajoutez le lait.
- Versez la farine dans un saladier, ajoutez l'œuf, le sucre en poudre et les pincées de sel.
- Ajoutez ensuite la levure diluée, pétrissez la pâte 4 minutes, puis incorporez les dés de beurre. Travaillez encore la pâte pendant 5 minutes.
- Formez une boule, déposez-la dans un saladier, couvrez d'un linge et laissez au chaud environ 2 heures.
- Après ce temps de repos, travaillez la pâte quelques instants, puis ajoutez 50 g de farine. Partagez la pâte en deux. Mettez de côté une petite boule de pâte pour former la ceinture de chaque bonhomme. Façonnez deux longs boudins qui vont former le corps.
- Incisez la partie inférieure de chaque boudin pour former les jambes. Incisez de chaque côté et tirez un peu de pâte pour former les bras.
- Façonnez un fin boudin et appliquez-le sur le corps pour former la ceinture.
- Appliquez les raisins pour former les yeux et la bouche. Déposez quelques amandes sur le haut de tête.
- Déposez les bonhommes sur une plaque de four couverte d'un papier sulfurisé, couvrez d'un linge et laissez au chaud environ 15 minutes.
- Préchauffez le four à 180 °C (th. 6).
- Badigeonnez les deux bonhommes d'un peu de jaune d'œuf battu en vous aidant d'un pinceau. Mettez à cuire environ 15 à 20 minutes. Laissez refroidir sur une grille.

**LE BON CONSEIL**
Pour que la pâte briochée de votre bonhomme « lève » à la cuisson, laissez-la reposer auparavant dans une pièce bien chauffée et surtout, à l'abri des courants d'air !

### Décoration

Pour confectionner la ceinture du personnage vous pouvez aussi utiliser de la pâte d'amande que vous placerez autour de la taille après cuisson. Vous pouvez également remplacer les yeux par deux petites boules de pâte d'amande colorée. Dans ce cas, pratiquez deux petits orifices à la hauteur des yeux avant la cuisson et placez la pâte d'amande après la cuisson. Et pour les gourmands, ajoutez dans la pâte quelques pépites de chocolat.

# Table des recettes

**Soupes**

**Poissons**



**Coquillages et crustacés**



**Terrines et tartes salées**



**Viandes**

JUILLET
Les Bains de Mer.
Le Lion
HUNTLEY & PALMERS
BISCUITS
Reading & London

AOÛT
Les Chaleurs.
La Vierge
HUNTLEY & PALMERS
BISCUITS
Reading & London

SEPTEMBRE
La Chasse.
Les Balances
HUNTLEY & PALMERS
BISCUITS
Reading & London

OCTOBRE
9 K
Les Vendanges.
HUNTLEY & PALMERS
BISCUITS
Reading & London
Le Scorpion

NOVEMBRE
Préparatifs d'Hiver.
HUNTLEY & PALMERS
BISCUITS
Reading & London
Le Sagittaire

DÉCEMBRE
l'Hiver.
Le Capricorne
HUNTLEY & PALMERS
BISCUITS
Reading & London

# Table des régions

## Alsace



## Antilles



## Aquitaine



## Bourgogne



## Bretagne



## Centre



## Corse



## Franche-Comté



## Île-de-France



## Languedoc-Roussillon



## Limousin



## Lorraine

# Crédits iconographiques

**123RF**
fac-similés p. 117

**akg-images**
17bd, 49hg, 52bg

**akg-images/André Held**
23bd

**akg-images/Erich Lessing**
39bg, 66bd

**akg-images/British Library**
53bd

**akg-images/Rabatti - Domingie**
84hd

**Alexander (Billy)**
63

**Anderson-Colangelo (Meghan)**
75bg

**Association Le Pré de la Bataille**
85bg

**Baume (Françoise)**
4bg, 48hg, 82hd, 90bg,

**Bech (Adeline)**
Fac-similé p. 47

**Candio (Piotr)**
20bd, 20hd, 20hg, 22b, 22hd, 23hd, 24bg, 25bg, 27bg, 30b, 31hg, 34gm, 34hd, 38hg, 38bd, 67b, 74b, 75hg, 78bg, 88bd, 88hd, 89b, 92, 113bg,

**Chesnutt (Eran)**
66h

**Collection Kharbine-Tapabor**
30hd, 30bd

**Collection IM/ Kharbine-Tapabor**
35dm, 43hg, 72mg

**Coll. Jonas/ Kharbine-Tapabor**
42bd

**Coll. BHVP-Grob/Kharbine-Tapabor**
72md

**Migny/ Kharbine-Tapabor**
31hd

**Esnault (Christophe)**
56mg

**Fazakas (Tibor)**
56hd

**Groseil (Frédéric)**
6hd, 56bd, 57bg, 107hd, 120bg, 124b, fac-similés p. 57

**Herzog (Lise)**
3, 7, 10hd, 10bd, 11bg, 12m, 13bm, 15bm, 16g, 17mg, 18bg, 18hd, 19hd, 19md, 24hd, 26 bm, 33hg, 34hg, 35bg, 40, 41mg, 41hd, 46hd, 52hd, 57bd, 58bm, 58bd, 59bd, 62, 68bd, 69bg, 70bd, 70hg, 72hd, 73bg, 73hd, 73bd, 76hg, 76bg, 76bd, 77hd, 82b, 84bg, 85h, 86mg, 86bd, 87bd, 94bg, 94hd, 95bm, 96bd, 97m, 97b, 99hd, 100bd, 102mg, 102bd, 104b, 105hm, 105hd, 105bg, 106g, 108hg, 109bd, 110g, 111md, 114hg, 114bd, 117bg, 118g, 118hd, 120hd, 123bd, 124hd, 125d

**Laurence Laurendon**, écrivain, partage sa vie entre l'écriture et son travail de consultante en naturopathie, aromathérapie et élixirs floraux.

**Gilles Laurendon**, romancier, est passionné de voyage, de cuisine et de littérature.

Principaux titres publiés : *Dictionnaire des enfants célèbres* (Hachette), *La cuisine des copains* (Larousse), *Gâteaux de mamie, Cuisine des monastères* (Marabout), *La cuisine des fées* (Ed du Chêne). Leurs livres, traduits dans plus de vingt langues, ont été couronnés de nombreux prix internationaux.

Editions OUEST-FRANCE
Aix-en-Provence - Lille - Rennes

Éditeur Jérôme Le Bihan
Coordination éditoriale Reine Bellivier
Conception graphique et mise en page Brigitte Racine
Photogravure graph&ti, Cesson-Sévigné (35)


ISBN 978-2-7373-5442-7 • N° d'éditeur 6546.01.15.10.12
Dépôt légal : octobre 2012
Imprimé en Chine
www.editionsouestfrance.fr